PRENTICE HALL
WRITING AND GRAMMAR

Spanish Speakers' Handbook

Grade Ten

Boston, Massachusetts,
Upper Saddle River, New Jersey

ISBN 0-13-361513-8

2 3 4 5 6 7 8 9 10   10 09 08

Contenido

Parte 3: Destrezas académicas y para el trabajo

INTRODUCTION

The *Spanish-Speakers' Handbook* is a companion to the Prentice Hall *Writing and Grammar: Communication in Action* student edition and parallels each grade level textbook. It was designed with these objectives in mind:

- Assist the students' comprehension of the explanations, annotations, directions, and examples in the English language textbook
- Provide additional practice in writing and grammar

These goals are achieved through Spanish summaries and translations that give step-by-step support for every chapter in each of the three sections of the textbook: **Writing, Grammar,** and **Academic and Workplace Skills**.

The *Spanish-Speakers' Handbook* includes the following:

◆ Spanish Translations

- Key concepts for quick comprehension
- Grammar explanations
- English directions and examples

◆ Additional Explanations

- Contrasting Spanish and English spelling, punctuation, and capitalization rules to highlight the differences in usage
- Additional notes that clarify concepts and compare or contrast difficult grammar points for Spanish-speaking English learners

◆ Additional Practice and Applications

- A variety of exercises and activities, both in Spanish and in English, which provide additional practice

In short, the Handbook is intended to help Spanish-speaking students that are learning English to acquire essential writing, grammar and work-related skills.

Parte 1

Escritura

CAPÍTULO 1

El escritor en ti

◆ La escritura en la vida diaria

Cuando naciste no sabías hablar. Aprendiste a hacerlo escuchando lo que te decían y repitiendo las palabras. Con la práctica diaria, hablaste cada vez mejor. Con la escritura ocurre lo mismo: cuanto más escribas, mejor escritor serás.

◆ ¿Por qué escribes?

Saber escribir te permite comunicarte con otras personas. Escribir puede ayudarte a expresar y compartir tus sentimientos. Escribir también te puede enseñar cosas sobre ti mismo.

◆ ¿Qué necesitas para escribir bien?

Ideas Tener ideas poderosas es el punto de partida de todo buen escrito. Trata de empezar cada trabajo concentrándote en un tema que te interesa y que a la vez interese a tu público.

Organización Presenta tus ideas y detalles de una manera uniforme y organizada, para que los lectores los puedan seguir fácilmente.

Voz personal Todas las características que hacen que tus escritos sean distintos de todos los demás dan forma a tu voz personal, o estilo. La voz personal incluye las palabras y oraciones que usas, los temas que escoges y lo que piensas sobre ellos.

Selección de palabras Las palabras son los bloques fundamentales de la escritura. Cuanto más fuerza tengan, más fuerte será el trabajo final. Elige cuidadosamente las palabras que vas a usar. Deben comunicar con precisión lo que quieres decir.

Oraciones fluidas Lee tu trabajo en voz alta para ver si las oraciones fluyen con naturalidad. Usa transiciones para conectar tus oraciones, y varía su longitud y estructura para darles cierto ritmo.

Usos convencionales Los errores disminuyen la eficiencia y calidad de un trabajo. Asegúrate de seguir los usos aceptados de la gramática, la ortografía y la puntuación.

Uno de los secretos para mejorar como escritor es desarrollar una rutina de trabajo que funcione para ti. Esto incluye dónde, cuándo y cómo escribes.

Anota tus ideas

Prueba diferentes maneras de generar y recordar ideas sobre las cuales escribir. Éstas son algunas estrategias para hacerlo:

Cuaderno Lleva siempre contigo un pequeño cuaderno para anotar cualquier cosa que despierte tu interés como lugares especiales, sucesos que presenciaste, historias interesantes. Cada vez que necesites una idea sobre la cual escribir, repasa las que tienes anotadas en tu cuaderno.

Archivo de recortes Hojea libros, revistas, periódicos, páginas web y otros. Si puedes, recorta los artículos interesantes y guárdalos en un archivo de recortes. Cuando añadas un artículo, destaca con un marcador las oraciones que te gusten.

Diario de estilo Comienza un diario para experimentar con diferentes estilos de escritura. Puedes tratar de escribir la primera oración para tres novelas diferentes o escribir una oración de diálogo usando cuatro o cinco estilos de escritura.

Registro de escritos y lecturas

Carpeta Crea una carpeta donde guardar tus ensayos favoritos. Tal vez también quieras incluir en ella los borradores de esos trabajos. Una de las mejores maneras de progresar como escritor es volver a leer de tanto en tanto tus escritos.

Diario del lector Cuando encuentres citas de otros autores que te gusten, anótalas. Algún día te pueden servir en alguno de tus trabajos.

Prueba varios métodos

Selecciona instrumentos de escritura Los instrumentos que uses para escribir pueden afectar mucho tu trabajo. Puedes usar una pluma o lápiz y papel, o una computadora. Para algunos escritores la computadora es ideal para escribir un trabajo largo, pero el lápiz y el papel son ideales para anotar ideas.

Determina cuándo escribes mejor Algunos escritores escriben mejor durante la mañana, otros trabajan mejor de noche. Determina cuándo escribes mejor escribiendo la fecha y hora al comienzo de cada período de trabajo.

Mejora tu trabajo Hay muchas estrategias de revisión. Puede que revises tu trabajo de manera obsesiva, como el escritor Gore Vidal. Pero también puede ser que estés más de acuerdo con Elie Wiesel, quien dice: "... la escritura es como la escultura, donde se quita para hacer visible a la obra."

Experimenta

Experimenta para descubrir cuáles son las estrategias más eficaces para ti. Luego, piensa por qué te fueron más útiles. Cuando encuentres una estrategia que funciona, añádela a las que usas regularmente.

◆ Planifica para escribir

Algunas formas de escritura son casi automáticas. Puedes llenar un formulario o tomar un mensaje telefónico casi sin pensar. Otros tipos de escritura requieren una planificación cuidadosa. Imagina que estás escribiendo un informe para la escuela. Si no planificas tu trabajo, puedes terminar frustrado o no tener suficiente tiempo. Estructurar tu trabajo de escritor te va a ayudar a evitarlo.

Organiza tu entorno

Para escribir necesitas períodos en los que no seas interrumpido, de modo que puedas pensar en tus ideas, escribir tu borrador y revisar lo que has escrito.

Elige un lugar apropiado Elige un lugar donde sepas que vas a poder escribir eficientemente. Considera todos los elementos: los materiales que tienes disponibles, cómo te hace sentir ese lugar y si existe algo que te pueda distraer de tu trabajo.

Administra tu tiempo Tener que terminar un trabajo en una determinada fecha puede ser muy agobiante, pero también te puede inspirar. Cuando sepas la fecha en que tienes que terminar un trabajo, calcula primero cuánto tiempo tienes para completarlo. Luego, fíjate otras fechas intermedias para cada paso del proceso. Siempre deja un poco de tiempo libre en caso que algún paso te lleve más tiempo de lo que pensabas.

Detente cuando todavía tengas algo por decir Cuando trabajes en un proyecto largo, deja de escribir cuando todavía tengas algunas ideas que quieras desarrollar. De este modo, sabrás exactamente dónde continuar cuando ya tengas las ideas claras.

◆ Comparte tu trabajo

Trabajo en equipo

Con frecuencia vas a incluir a otras personas en tus proyectos de escritura. Esas personas pueden dar más fuerza y mejorar tus habilidades de escritor.

Generar ideas en grupo Si no se te ocurre ninguna idea, trata de generarla en grupo. La clave para tener éxito es no criticar desde el comienzo. Digan todas las ideas que se les ocurra; las buenas y las malas. Luego, tómate tiempo para evaluarlas.

Escritura cooperativa Escribir en colaboración significa compartir los pasos del proceso de escritura. Los miembros del grupo pueden dividirse pasos como investigar y organizar.

Revisión por compañeros Un "extraño" frecuentemente puede encontrar errores y oraciones confusas que tú, por haberlas escrito, no puedes reconocer. Pide a un compañero que te indique qué necesitas mejorar, así como lo que has hecho bien.

◆ Publicar

Compartir tu trabajo con un público es el final ideal para todo proyecto de escritura. Ver tu trabajo impreso puede inspirar a otros escritores jóvenes a esforzarse para alcanzar sus propias metas. Intenta publicar tus trabajos en una página web para estudiantes o envíalos a concursos literarios.

◆ Reflexiona sobre lo que escribiste

Hacerte preguntas con el objetivo de mejorar tus habilidades de escritor es muy útil. Usa estas preguntas como ayuda:

- ¿Cuál de tus proyectos recientes tuvo más éxito? ¿Por qué?
- ¿Qué problemas tuviste? ¿Qué estrategias usaste para superarlos?
- ¿A qué escritores admiras? ¿De qué manera sus trabajos te sugieren ideas?
- ¿Qué consejo le darías a alguien que comienza a escribir?
- ¿Cuál fue el "error" que te enseñó más?

CAPÍTULO 2

El proceso de escritura

La escritura, en cualquiera de sus formas, es una parte esencial de tu vida diaria. Para cualquiera que sea tu objetivo final, como por ejemplo un ensayo o un poema, el proceso de escritura, y su sistematización, te ayudarán a alcanzarlo. Familiarizarte con todos los pasos del proceso, desde antes de escribir hasta publicar y presentar, te ayudará a escribir mejor.

◆ Tipos de escritura

Los tipos de escritura se agrupan en modos, es decir, palabras que se refieren al propósito principal de un trabajo escrito. Los modos más comunes son la narración, la descripción, la persuasión, la exposición, la investigación, la respuesta a la literatura, la escritura para evaluar y la escritura en el trabajo.

Los trabajos escritos también se pueden clasificar en dos categorías más amplias, **reflexivos** y **extensos**, de acuerdo con la fuente de inspiración y el público al que se dirigen. Cuando escribes de manera reflexiva, eres tú quien decide qué escribir, el formato que usarás y si quieres compartir tu trabajo con otros. La escritura extensa, que se centra en temas reales que no son parte de tu experiencia, es la que haces para que otras personas la lean.

◆ El proceso de escritura

Éstos son los pasos del proceso de escritura:

- **Antes de escribir** En este paso exploras posibles temas, eliges uno y comienzas a reunir y organizar los detalles que vas a incluir en tu escrito.
- **Hacer un borrador** En este paso escribes tus ideas en un borrador siguiendo en forma general el formato que quieres que tenga tu trabajo terminado.
- **Revisar** En este paso revisas tu primer borrador para mejorar su forma y contenido.
- **Corregir** En estos pasos corriges los errores gramaticales, ortográficos y de puntuación.
- **Publicar y presentar** Es cuando compartes tu trabajo escrito con otros.

Estos pasos siguen una secuencia pero muchos escritores con frecuencia pasan de uno a otro mientras trabajan.

2.1 ¿Qué haces antes de escribir?

Muchos escritores se sienten intimidados por una hoja de papel en blanco. Pueden preguntarse sobre qué tema escribir o cuánto deben decir sobre un tema específico. El paso "Antes de escribir" te ayudará a desarrollar un conjunto de técnicas y estrategias para comenzar tu trabajo.

◆ Elige un tema

Para escribir tienes que tener un tema. Generalmente es mejor si escribes sobre algo que conoces o que te interesa. Tómate el tiempo para explorar temas y experiencias que son importantes para ti.

◆ Limita tu tema

Una vez que hayas seleccionado el tema, asegúrate que no es demasiado amplio como para poder presentarlo completamente en un ensayo corto. Considera limitar el tema concentrándote en sólo uno de sus aspectos. Una manera de hacerlo es enlazando ideas.

> ✍ **Actividad: Enlaza ideas para limitar el tema** Ésta es una manera de identificar las características más importantes de un tema. Escribe libremente sobre un tema cualquiera durante cinco minutos. Luego, lee lo que has escrito y encierra en un círculo la palabra más importante. Luego, escribe sobre esta palabra por otros cinco minutos. Cuando hayas terminado, examina de nuevo lo que has escrito y encierra en un círculo la palabra más importante. Puedes continuar este proceso hasta que hayas limitado tu tema lo suficiente.

◆ Tu público y tu propósito

Luego de que hayas limitado tu tema, identifica a tu público —la persona o personas que quieres que lean tu trabajo— y tu propósito —lo que quieres lograr con tu trabajo. Tanto tu público como tu propósito van a determinar el tipo de lenguaje que uses y el tipo de información que vas a presentar.

Conoce a tu público Es mejor comenzar a escribir un trabajo pensando antes en el público que lo va a leer. Considera la edad de tus lectores, sus intereses y su nivel de conocimiento. Estas preguntas te ayudarán a identificar a tu público:

1. ¿Qué es lo que ya sabe mi público sobre el tema?
2. ¿Qué necesita saber?
3. ¿Qué detalles interesarán o influirán más en mi público?

Conoce tu propósito Determina qué es lo que quieres lograr con tu escrito. Puede ser que estés escribiendo para persuadir, para entretener, para informar. Ten siempre presente cuál es tu propósito cuando decidas qué detalles quieres incluir u omitir y que tipo de lenguaje usarás.

◆ Recopila detalles

Cualquiera sea tu propósito, es esencial que sustentes tus puntos principales con datos, ejemplos y detalles. Generalmente, es más eficaz recopilar la información que vas a usar antes de empezar a escribir. Para hacerlo puedes ir a la biblioteca, investigar en Internet o realizar entrevistas. Dos estrategias para recopilar información son el uso de un hexágono y la agrupación información relacionada.

2.2 ¿Qué es un borrador?

◆ Da forma a tu escrito

Elige una forma Elige una forma apropiada para tu trabajo. Considera las siguientes:

- Si tu propósito es influir en la forma en que otros piensan o actúan, puedes escribir un ensayo persuasivo o un comentario crítico.
- Si quieres reflexionar sobre tus experiencias, puedes escribir en tu diario.
- Si tu propósito es informar o explicar algo, puedes escribir un informe, una serie de instrucciones o una descripción.

Interesa a los lectores con un principio atractivo Comienza con un primer párrafo que atraiga la atención de tu público y que lo haga querer seguir leyendo. Para hacerlo puedes usar una cita controvertida, un dato poco conocido, un diálogo poco común, una descripción detallada o una combinación original de ideas y detalles.

◆ Elabora

Mientras escribes tu borrador, elabora tu idea principal dando información extensa, ejemplos, datos estadísticos y otros tipos de detalles. Si fundamentas debidamente tu idea principal es más probable que tus lectores entiendan y acepten tus puntos de vista. Una estrategia que puedes usar para elaborar los puntos clave es el método SEE.

✍ **Actividad: Usa el método SEE** El método SEE (del inglés *Statement, Extension, Elaboration*) es un enfoque sistemático para desarrollar párrafos. Comienza con una oración que diga cuál es la idea principal. Luego, amplía la primera oración, ya sea repitiéndola con otras palabras o explicándola. Desarrolla tu explicación o repetición dando detalles de apoyo, datos y ejemplos.

2.3 ¿Qué es revisar?

◆ Usa una perspectiva sistemática

La revisión tal vez sea el paso más importante del proceso de escritura. En este libro vas a aprender una perspectiva sistemática de revisión llamado **racionabilidad**. En la vida diaria esta palabra se refiere a la habilidad de pensar lógicamente. En este caso, quiere decir que tú puedes aplicar esta manera de pensar lógicamente a la revisión de tu borrador.

Comienza observando la estructura general de tu escrito y luego observa cada párrafo, oración y palabra. Puedes usar diferentes colores para marcar diferentes partes de tu trabajo que necesitas mejorar.

◆ Revisa la estructura general

Hay una variedad de cosas que debes hacer cuando revises la estructura general de tu borrador. Verifica que tu organización tiene sentido y que es uniforme. Tal vez tengas que reorganizar partes de tu borrador. Asegúrate que tu introducción atraiga el interés de los lectores y que tu conclusión deje una buena impresión. Determina si has dado suficiente sustento a tu idea principal. Una estrategia para ello es colorear los detalles de apoyo.

✍ **Actividad: Usa color para los detalles de apoyo** Con un lápiz rojo, subraya la oración u oraciones que expresan la idea principal de tu trabajo. Luego, usa un lápiz azul para subrayar los datos que apoyan a tu idea principal. Una vez que hayas terminado, deberás ver que la mayor parte de tu borrador está subrayada en azul. Si no es así, no has dado suficientes detalles de apoyo y necesitas agregar más para respaldar completamente a tu idea principal.

◆ Revisa los párrafos

Una vez que hayas revisado la estructura general de tu borrador, verifica que cada uno de los párrafos hable de un solo aspecto de tu tema y que todas las oraciones dentro de cada párrafo estén relacionadas. Elimina cualquier oración que no esté claramente relacionada con las otras e identifica los lugares donde las transiciones pueden vincular ideas dentro de un párrafo. Una estrategia es el uso de pasos, pilas, cadenas y balanzas.

◆ Revisa las oraciones

Luego, estudia las oraciones. Comprueba que varían en largo y estructura. Usar muchas oraciones del mismo tipo puede disminuir la eficacia de tu trabajo. Puedes encerrar entre corchetes los comienzos de oraciones.

◆ Revisa las palabras usadas

Completa el proceso de revisión analizando las palabras que usaste. Busca lugares donde puedas reemplazar palabras vagas o muy generales por otras más específicas que comuniquen más precisamente tu mensaje. También comprueba si has repetido muchas veces algunas palabras. Una manera de hacerlo es destacar las palabras repetidas.

◆ Revisión por compañeros

Una vez que hayas revisado tu borrador, trabaja con un compañero para tener una nueva perspectiva de tu trabajo. Guía al compañero revisor para obtener la mayor información posible. Usa preguntas específicas.

2.4 ¿Qué es corregir?

Una vez que hayas revisado el contenido de tu borrador, léelo cuidadosamente para corregir errores gramaticales, ortográficos y de puntuación. Estos errores van a distraer a tus lectores y pueden hacer que ellos respondan negativamente a tu trabajo, aun si su contenido es excelente.

◆ Concéntrate en leer

Acostúmbrate a revisar varias veces tu borrador. Concéntrate cada vez en un elemento específico:

- **Verifica cuidadosamente la ortografía**
- **Sigue las reglas gramaticales y de puntuación**
- **Corrige las oraciones superpuestas**

2.5 ¿Qué es publicar y presentar?

◆ Más adelante

Este panorama general del proceso de escritura sólo te da un vistazo rápido de las estrategias y técnicas que puedes usar en tus escritos. Cada lección te brindará estrategias específicas que te ayudarán en tu trabajo.

Crea una carpeta Tus trabajos terminados son valiosos, y por ello debes organizarlos y guardarlos en tu carpeta. Esta carpeta será un registro de tu desarrollo como escritor. Vuelve a leer tus trabajos de vez en cuando para compararlos con los que has hecho recientemente.

Reflexiona sobre lo que escribiste Cada trabajo que terminas afecta de alguna manera la forma en que te ves a ti mismo, a tu tema y al proceso de escritura. Las preguntas que aparecen al final de cada capítulo te ayudarán a reflexionar sobre lo que has aprendido en cada una de estas áreas.

CAPÍTULO 3

Párrafos y composiciones
Estructura y estilo

◆ Párrafos y composiciones

Un **párrafo** es un grupo de oraciones relacionadas que presentan un solo pensamiento. Los párrafos dan información y precisión a un trabajo escrito, y presentan los datos en segmentos que los lectores pueden entender. Los párrafos están indicados por claves visuales, como por ejemplo el sangrado *(indentation)*, que es el espacio que hay entre la primera palabra del párrafo y el margen de la hoja, o un espacio adicional entre cada párrafo.

Una composición es una serie de párrafos conectados y con un solo tema. Hay muchos tipos de composiciones, como los ensayos, informes de investigación y escritos para evaluar.

3.1 Párrafos bien escritos

◆ La idea principal y la oración temática

En un párrafo bien escrito, todas las oraciones funcionan juntas para presentar y desarrollar una idea principal. Con frecuencia, la idea se expresa directamente en una oración, llamada oración temática. Todas las otras oraciones del párrafo apoyan a la oración temática con ejemplos, detalles, datos o razones.

A veces la idea principal está implícita, es decir, no está expresada directamente. En estos casos, todas las oraciones funcionan juntas para desarrollarla y comunicarla a los lectores.

◆ Escribe una oración temática

En la mayoría de los trabajos escritos que hagas en la escuela —con excepción de los cuentos y otros tipos de escritura creativa— debes tratar de escribir párrafos que tengan oraciones temáticas. Las siguientes son algunas sugerencias sobre cómo hacerlo:

1. Revisa los detalles que has recopilado para tu trabajo escrito.
2. Identifica grupos de detalles que sustentan temas o subtemas específicos.
3. Escribe unas pocas palabras para resumir la idea principal que conecta cada grupo de detalles.
4. Escribe una oración que exprese breve y completamente la idea principal de un grupo de detalles.
5. Una vez que hayas completado un párrafo, revisa tu oración temática y asegúrate de que todavía presenta la idea principal.

◆ Escribe oraciones de apoyo

La oración temática de un párrafo debe estar acompañada por una serie de oraciones que desarrollen o expliquen el tema. Estas oraciones se llaman oraciones de apoyo. Algunos ejemplos del tipo de información que puedes incluir en tus oraciones de apoyo son los hechos, la estadística, los ejemplos, ilustraciones y citas y los detalles.

◆ Ubicación de la oración temática

La mayoría de las veces, las oraciones temáticas aparecen al comienzo de un párrafo. También se pueden colocar en el medio o al final del párrafo para crear diferentes efectos.

Patrones de párrafos Los párrafos pueden seguir una variedad de patrones, dependiendo de su ubicación en la oración temática. Un patrón común es el de Tema, Repetición, Explicación o TRI *(Topic, Restatement, Illustration)*. Un párrafo TRI comienza con una oración temática, seguida por una repetición de la idea principal con otras palabras y una o más oraciones que ilustran, o explican, la idea principal con datos y ejemplos.

◆ Uniformidad y coherencia

Mantén la uniformidad

Un párrafo tiene unidad cuando todas sus oraciones apoyan, explican o desarrollan su oración temática o idea principal. Para mantener la unidad, piensa cómo cada oración que escribes se conecta clara y lógicamente con la oración temática del párrafo.

Crea coherencia

Para que un párrafo tenga coherencia, las ideas de apoyo deben estar ordenadas de una manera lógica y las oraciones tienen que estar conectadas claramente. Algunas organizaciones comunes son el orden cronológico, el orden espacial, el orden de importancia y el orden de comparación y contraste.

Además de usar una organización coherente, usa también transiciones que muestren las conexiones entre los detalles.

3.2 *Los párrafos en ensayos y otras composiciones*

Los escritores rara vez usan párrafos aislados. La mayoría de los escritos consisten en una serie de párrafos conectados que funcionan juntos para formar una composición, como un ensayo o un informe de investigación.

◆ Las partes de una composición

Como vas a ver en los capítulos que siguen, hay muchos tipos de composiciones. Éstas incluyen casi todos los tipos de escritos que haces en la escuela, además de la escritura creativa. Si bien las composiciones pueden variar mucho en su forma y propósito, generalmente tienen los siguientes elementos.

La introducción

Generalmente, el primer párrafo de una composición, su introducción, presenta el tema, captura el interés del lector y presenta el enunciado de propósito. Este enunciado de propósito consta de una o dos oraciones que resumen el punto clave del ensayo. El enunciado de propósito debe estar acompañado por unas pocas oraciones que reseñan los subtemas que van a aparecer en el cuerpo del ensayo.

El cuerpo del texto

El cuerpo de un ensayo consiste en dos o más párrafos que desarrollan y apoyan al propósito. Cada párrafo del cuerpo deben centrarse en un solo subtema y debe dar ejemplos, detalles, datos, razones y otros tipos de fundamento. Con frecuencia, cada párrafo del cuerpo debe incluir una oración temática que indique claramente el subtema que se está desarrollando.

La conclusión

La conclusión es el último párrafo del ensayo. Debe reforzar o repetir el propósito y dar a los lectores unos pensamientos finales sobre el tema. Idealmente, la última oración de la conclusión es una oración fuerte, inteligente o memorable llamada broche de cierre *(clincher)*.

◆ Tipos de párrafos

Hay una variedad de tipos de párrafos que puedes usar en tus composiciones y trabajos de escritura creativa.

Párrafos temáticos

Un párrafo temático consiste en una oración temática y varias oraciones que la sustentan o desarrollan.

Párrafos funcionales

Los párrafos funcionales se usan para lograr un propósito específico en un escrito largo. A diferencia de los párrafos temáticos, no tienen una oración temática frecuentemente. También son más cortos que los párrafos temáticos, en algunos casos son sólo una oración. Los párrafos funcionales hacen lo siguiente:

- **Indican diálogo.** Cada vez que cambia la persona que habla, se empieza un nuevo párrafo.
- **Hacen una transición.** Un párrafo corto puede ayudar al lector a pasar de una idea a otra en dos párrafos temáticos.
- **Dan énfasis.** Un párrafo de una o dos oraciones que apoyen el punto principal de un escrito dejará un recuerdo duradero en los lectores.

Bloques de párrafos

En ocasiones, vas a tener tanta información que vas a necesitar varios párrafos para desarrollar una sola idea. Todos estos "bloques" de párrafos apoyan a la misma idea principal u oración temática. El separar el desarrollo de las ideas de apoyo en bloques de párrafos, hará más claras y accesibles tus ideas.

3.3 Estilo de escritura

Tú te expresas a través de tu "estilo personal". Este estilo comprende tus gustos en música, la forma en que te vistes, cómo hablas y muchas otras cosas. Tu estilo también se refleja en la forma en que escribes. Tu estilo como escritor está determinado por los siguientes elementos: variedad en las oraciones, dicción y tono.

Variedad en las oraciones Una de las claves para desarrollar un estilo de escritura sólido es aprender a variar el largo y la estructura de las oraciones. Si sólo usas oraciones cortas, tu trabajo sonará entrecortado. Si todas las oraciones son largas o si todas comienzan de la misma manera, tu trabajo puede ser aburrido o difícil de seguir. Usa una mezcla de oraciones cortas y largas para crear un ritmo y dar énfasis a los puntos clave.

Dicción La dicción se refiere a las palabras que usa un autor. Cuando escribas, elige cuidadosamente las palabras que vas a usar para que tengan el efecto que tú deseas. Por ejemplo, si estás escribiendo un ensayo sobre un tema serio, probablemente vas a usar un lenguaje formal. Si, por el contrario, estás escribiendo una historia para entretener a tus amigos, probablemente uses un lenguaje coloquial.

Tono El tono de tu escrito está dado por tu actitud. Tu tono puede ser formal o coloquial, amigable o distante, personal o impersonal. Un escritor que ofrece sugerencias sobre un tema serio, puede, a pesar de la seriedad del tema, usar un lenguaje ligero y entretenido. Sin embargo, cuando un escritor expresa emociones fuertes sobre un tema importante, su tono debe ser reflexivo y respetuoso.

◆ Inglés formal y coloquial

El inglés puede ser formal o coloquial. Es mejor usar un inglés formal cuando tu trabajo es serio o académico. El inglés coloquial es apropiado para contar historias y para escritos ligeros.

Inglés formal

Debes usar un inglés formal en ensayos, artículos periodísticos, informes, discursos, cartas comerciales y la mayoría de tus trabajos escolares. Cuando uses un inglés formal, no uses contracciones ni jerga. En cambio, sí debes usar las palabras y la gramática aceptadas y usar un tono serio y un vocabulario sofisticado.

Inglés coloquial

El inglés "de todos los días" es el inglés coloquial. Puedes usarlo para escribir diálogos, cuentos, entradas en tu diario o cartas a amigos. En este tipo de escritura puedes usar contracciones, modismos y expresiones populares para recrear la manera en que habla la gente.

CAPÍTULO 4

Narración
Escritura autobiográfica

◆ La autobiografía en la vida diaria

Cuando le cuentas a un amigo lo que hiciste en el fin de semana o cuando cuentas algo gracioso que te pasó, estás usando la **escritura autobiográfica**, es decir, contando una historia de tu vida. La narración autobiográfica muchas veces se escribe como cuando escribes un ensayo personal en una solicitud de ingreso.

◆ ¿Qué es la escritura autobiográfica?

La **escritura autobiográfica** cuenta una historia sobre un suceso o experiencia de la vida del autor. Esta generalmente tiene al escritor como personaje principal, y contiene una secuencia de acontecimientos, un conflicto entre los personajes o entre un personaje y una fuerza exterior, y un cambio en la actitud del autor acerca de algo.

◆ Tipos de escritura autobiográfica

La escritura autobiográfica puede ser un relato de testigos, una narración personal, un incidente autobiográfico, un recuerdo, o una anécdota.

4.1 Conexión entre lectura y escritura

Usa las estrategias de lectura y escritura de tu libro.

4.2 Antes de escribir

◆ Elige un tema

Para tu escrito autobiográfico elige un tema que encuentres interesante o importante.

✍ **Actividad: Crea temas**

1. **¡Yo estuve allí!** Elige como tema un hecho emocionante que hayas presenciado.
2. **Recuerda el momento** Escribe en un hoja algunas palabras y trata de recordar momentos en tu vida que correspondan a cada una de estas palabras. Elige uno como tema.
3. **Haz un plano** Dibuja un plano de algún lugar importante en tu vida. Rotula cada cuarto o área. Luego, haz una lista de palabras, frases, oraciones, nombres o actividades que recuerdes al "caminar" por este lugar especial. Elige de ahí un tema.

◆ Limita tu tema

Una vez que hayas elegido tu tema, limítalo para poder desarrollarlo completamente.

✎ Actividad: Usa papel carbón para limitar el tema

1. Inserta una hoja de papel carbón entre dos hojas de papel.
2. Usa un bolígrafo sin tinta y escribe sobre cualquier cosa que se te ocurra en la primera hoja. Escribe por lo menos durante cinco minutos.
3. Quita la primera hoja y el papel carbón y lee lo que escribiste. Elige el aspecto del tema que te interese más.

◆ Tu público y tu propósito

Tu público y tu propósito para escribir van a tener un efecto en los detalles que elijas incluir y en el tipo de lenguaje que uses. Puedes hacer una tabla para organizar tu propósito, el tema y el lenguaje de acuerdo al público.

◆ Recopilar detalles

Comienza a recopilar los detalles necesarios para la narración y los que tienen interés para el lector.

Recopila detalles sobre los personajes

Antes de empezar a escribir reúne detalles sobre tus personajes para que parezcan reales a tus lectores. Las siguientes preguntas te ayudarán a reunir detalles sobre tus personajes:

• ¿Cuál es el nombre, edad, profesión y antecedentes del personaje?
• ¿Cómo describirías su personalidad, costumbres y preferencias?
• ¿Qué sueños o metas tiene tu personaje?
• ¿Qué piensan los otros personajes de tu narración sobre este personaje?
• ¿Por qué es tan importante para la historia que vas a contar este personaje?

Recopila detalles sobre la ambientación

La ambientación es el lugar y época en que ocurren los sucesos de la narración. La ambientación ubica al lector, explicando cuándo y dónde tiene lugar la historia.

4.3 Hacer un borrador

◆ Da forma a tu escrito

Mientras preparas tu borrador, da forma a tu narración. Decide dónde y cómo empezar y terminar el escrito, qué personajes vas a desarrollar y qué vas a destacar.

Crea un argumento

Igual que en las historias de ficción, las historias autobiográficas deben capturar y mantener el interés de los lectores. Piensa en tu narración como si fuera una obra de ficción. Para hacer esto, identifica la secuencia de sucesos y decide dónde comenzar y terminar tu historia.

◆ Elabora

Haz tu narración interesante para sus lectores usando la elaboración. Agrega diálogo o extiende el momento para examinarlo detenidamente desde varias perspectivas. Una manera de hacer esto es hacer preguntas sobre una acción o suceso.

4.4 *Revisar*

Acuérdate de revisar tus escritos siguiendo lo aprendido en el Capítulo 2.3:

- **Revisa la estructura general**
- **Revisa los párrafos**
- **Revisa las oraciones**
- **Revisa las palabras usadas**
- **Revisión por compañeros**

La gramática y tu escritura

Reglas para dar información práctica
Se llama **caso** a la forma de un sustantivo o pronombre que indica cómo se usa en una oración. Usa el **caso nominal** cuando el sustantivo o pronombre se usan como sujeto de un verbo o como predicado nominal. Usa el **caso de complemento** cuando se usan como complementos de verbos, de preposiciones o de verboides.

4.5 *Corregir*

Antes de compartir tu narración, corrige los errores gramaticales, ortográficos, de puntuación y el uso de las mayúsculas. Como la mayoría de las narraciones autobiográficas tienen muchos detalles sobre sus personajes, asegúrate de haber usado los pronombres correctamente. Revisa el uso del diálogo en tu borrador y verifica que has usado la puntuación correcta.

La gramática y tu escritura

Párrafos y puntuación en los diálogos
Comillas Los diálogos se deben colocar entre comillas y se debe comenzar un nuevo párrafo cada vez que cambia la persona que habla.
Signos de puntuación En los diálogos, se deben colocar dentro de las comillas los signos de puntuación que indican el tipo de oración que usa la persona que habla.

4.6 *Publicar y presentar*

Cuando hayas terminado tu trabajo, compártelo con otros y guarda una copia en tu car de trabajos.

◆ Crea una carpeta

✐ **Actividad: Publica tu trabajo** Publica tu trabajo en el periódico de la escuela o envíalo a una revista. Pide a tu maestro o bibliotecario que te den los nombres de algunas publicaciones que podrían aceptar tu trabajo.

✐ **Actividad: Lee tu trabajo frente a un público.** Antes de hacerlo, subraya las palabras que quieres enfatizar. Marca también los pasajes que quieres leer más despacio o más rápido.

◆ **Reflexiona sobre lo que escribiste**

Piensa por un momento en tu experiencia al preparar tu escrito autobiográfico. Luego, contesta las siguientes preguntas:

• Mientras escribías, ¿qué aprendiste sobre ti mismo?
• ¿Qué "trucos del oficio" aprendiste para contar bien una historia?

CAPÍTULO 5

Narración
Cuento

◆ Los cuentos y la vida diaria

Contar historias es parte de la vida diaria. Algunas historias son verdaderas y cuentan qué ocurre en la vida de nuestros amigos y familia. Otras historias son ficticias y pueden enseñar, maravillar o servir de advertencia a los lectores.

◆ ¿Qué es un cuento?

Una **narración** es un trabajo escrito que cuenta una historia. Un **cuento** es un tipo particular de narración. Son siempre obras de ficción y breves, y su lectura no lleva mucho tiempo. Con relativamente pocas palabras, el autor de un cuento trata de crear una impresión fuerte en los lectores.

◆ Tipos de cuentos

Si bien los cuentos son un tipo específico de literatura, pueden ser muy diferentes entre ellos. Algunos tipos comunes son los cuentos de aventuras, los cuentos fantásticos, las fábulas y los cuentos de ciencia ficción.

5.1 Conexión entre lectura y escritura

Usa las estrategias de lectura y escritura de tu libro.

5.2 Antes de escribir

◆ Elige un tema

A veces a los escritores se les ocurren fácilmente ideas para sus trabajos; otras veces tienen que usar varias estrategias para hallar ideas.

 Actividad: Genera ideas

1. **Haz un boceto de un personaje o una ambientación** Mira tu boceto y anota las ideas que el dibujo te sugiera. Elige una idea como tema para tu trabajo.
2. **Lee citas** A veces, leer un libro de citas célebres te puede servir para hallar un tema para tu historia. Encuentra una cita que te intrigue y crea un cuento a partir de ella.
3. **Escribe libremente** Escribe durante diez minutos acerca de lo que primero se te ocurra. Revisa tu escrito y escoge alguna idea o tema interesante.

◆ Limita tu tema

Describe brevemente los incidentes que forman el argumento de tu cuento. Luego, tacha todos los incidentes, personajes o ambientes de menor importancia, hasta que puedas resumir el argumento en una o dos oraciones.

◆ Tu público y tu propósito

Si bien tu propósito general para escribir un cuento puede ser entretener, también debes considerar un propósito más específico. Tu propósito afectará el lenguaje que uses y los detalles que elijas. Algunos propósitos pueden ser entretener, enseñar o asustar.

◆ Recopilar detalles

Mientras que el argumento es el "motor" de tu narración, los detalles ayudan a desarrollar tus personajes y la ambientación les da vida. Antes de comenzar a escribir, recopila detalles sobre tus personajes y la ambientación.

Recopila detalles sobre los personajes Los personajes son las personas, animales, seres extraterrestres o cosas que toman parte en el argumento del cuento. Para que los lectores recuerden a los personajes, éstos deben parecer reales y creíbles. Antes de escribir, anota algunos detalles sobre cada uno.

Recopila detalles sobre la ambientación La ambientación es la época y el lugar donde ocurre la historia. Puede incluir el año, la estación, el día y la hora. También puede especificar el planeta, país, ciudad, vecindario, y hasta una casa o departamento. Puede mencionar también características físicas del lugar, como muebles, plantas y animales que en él se encuentran.

5.3 *Hacer un borrador*

◆ Da forma a tu escrito

Mientras escribes tu borrador, ten presente el conflicto central y úsalo para dar forma a tu historia. Tal vez quieras usar un diagrama de argumento para planificar los acontecimientos que llevan al clímax del cuento y los que continúan después de él.

Hacer un diagrama de argumento
Un diagrama de argumento debe tener: la **exposición,** el **aumento de tensión** o **conflicto,** un **clímax,** la **disminución de la acción** y la **resolución.**

◆ Elabora

Usa el diálogo para desarrollar y mostrar a los personajes
Frecuentemente, la manera más eficaz de mostrar las características y cualidades de tus personajes es a través del diálogo. El diálogo son las palabras exactas que dicen o piensan tus personajes. Con el diálogo, tú muestras a tus personajes a través de sus pensamientos, en vez de explicarlos con palabras.

5.4 *Revisar*

Acuérdate de revisar tus escritos siguiendo lo aprendido en el Capítulo 2.3:

- **Revisa la estructura general**
- **Revisa los párrafos**
- **Revisa las oraciones**
- **Revisa las palabras usadas**
- **Revisión por compañeros**

La gramática y tu escritura
Los verbos en voz activa y en voz pasiva

Diferencias entre la voz activa y la voz pasiva
En inglés hay dos voces: la **activa** y la **pasiva**. Sólo los verbos de acción tiene voz, los verbos de enlace no la tienen. La voz está determinada por la relación entre el sujeto y el verbo. En la voz activa, el sujeto es quien realiza la acción; en la voz pasiva, el sujeto es quien recibe la acción que expresa el verbo.

Usa la voz pasiva correctamente
Usa la voz pasiva cuando quieras enfatizar la acción y no quién la realiza, o cuando quien realiza la acción no es importante o no se conoce.

5.5 *Corregir*

Tus lectores disfrutarán más y seguirán más fácilmente tu trabajo si no tiene errores.

◆ Concéntrate en la puntuación

Lee tu trabajo para asegurarte de que has usado los signos de puntuación para marcar los diálogos. Primero, lee y comprueba que usaste correctamente todas las comillas de apertura. Luego, comprueba que para cada una de las comillas de apertura tienes unas comillas de cierre. Verifica también que has colocado todos los signos de cierre de oración en los diálogos.

La gramática y tu escritura

Formato y puntuación de diálogos
- Las palabras exactas de un personaje van entre comillas.
- Se usan comas para separar las citas de las palabras que identifican al que habla. La coma siempre va dentro de las comillas de cierre.
- Cada vez que cambia la persona que habla, comienza un nuevo párrafo.
- Cuando un párrafo termina mientras un personaje todavía está hablando, no se colocan comillas al final del párrafo. Sin embargo, al comenzar el siguiente párrafo hay que colocar comillas.

5.6 *Publicar y presentar*

◆ Crea una carpeta

Cuando hayas terminado tu cuento, compártelo con otros. Éstas son algunas sugerencias:

✍ **Actividad: Lee tu trabajo** Toma turnos con un compañero para leer en voz alta lo que han escrito. También puedes organizar una lectura de trabajos de varios compañeros.

✍ **Actividad: Antología** Presenta tu trabajo como parte de una antología de la clase.

◆ Reflexiona sobre lo que escribiste

Piensa en lo que experimentaste al escribir tu cuento. Luego, contesta las siguientes preguntas.

- ¿Qué parte del proceso de escritura te gustó más? ¿Por qué?
- Si fueras a escribir otro cuento, ¿a qué parte del proceso dedicarías más tiempo?

CAPÍTULO 6

Descripción

◆ La descripción en la vida diaria

Cuando le dices a alguien que la noche anterior dormiste muy bien o cuando le dices a un médico dónde te duele, estás describiendo algo. La descripción también puede ser escrita, como cuando haces un informe explicando una reacción química para tu clase de ciencias. En el trabajo, un documento que explica los procedimientos de una compañía, es otra forma de descripción.

◆ ¿Qué es la descripción?

La **descripción** es el tipo de escritura que nos permite recrear nuestras experiencias y compartirlas con los demás. La mayoría de los trabajos descriptivos tienen un lenguaje sensorial que transmite lo que el autor ve, oye, gusta, huele y toca; un lenguaje preciso, que incluye verbos y sustantivos específicos; un lenguaje figurado, como la personificación, la exageración, los símiles y las metáforas; y una organización lógica, como el orden cronológico o el espacial.

◆ Tipos de descripción

Algunos de los tipos de descripción más comunes son las descripciones de una persona, lugar o cosa; las observaciones; los folletos de viaje y los bocetos de personajes.

6.1 Conexión entre lectura y escritura

Usa las estrategias de lectura y escritura de tu libro.

6.2 Antes de escribir

◆ Elige un tema

Las personas, lugares, sucesos e ideas que son de alguna manera dignas de recordar, son grandes temas para un trabajo de descripción.

✍ **Actividad: Haz un boceto** Con papel y lápiz, haz un boceto de una persona, lugar, cosa o acontecimiento que encuentres interesantes. Tu boceto puede ser abstracto o realista. Cuando lo hayas terminado, elige un aspecto del dibujo para desarrollarlo en un trabajo descriptivo.

✍ **Actividad: Hojea un almanaque** Hojea el almanaque de este año o el del año pasado para recordar a personas que conociste o sucesos que ocurrieron durante el año. Elige uno de estos recuerdos y úsalo como tema de tu descripción.

◆ Limita tu tema

Usa una red de temas para explorar distintos aspectos de uno de ellos. Luego, escoge el aspecto que más te interese y escribe sobre él.

> ✍ **Actividad: Haz una red** Escribe el nombre de tu tema general en la parte de arriba de una hoja de papel y luego, dentro de círculos, escribe los nombres de subtemas que estén relacionados con el tema general.

◆ Tu público y tu propósito

En tu descripción, usa detalles que tus lectores puedan entender y disfrutar. Los detalles que uses y tu actitud hacia el tema te ayudarán a alcanzar tu propósito, es decir, la razón por la que escribes. Recuerda que debes usar diferentes tipos de detalles y de palabras de acuerdo al propósito que tengas.

◆ Recopilar detalles

Podrás reunir una gran variedad de detalles descriptivos si usas la técnica del cubo.

> ✍ **Actividad: Usa la técnica del cubo** Como un cubo que tiene seis lados, el tema de tu descripción puede tener diferentes aspectos. Algunas maneras de estudiar tu tema desde perspectivas diferentes son describir tu tema, hacer asociaciones, aplicar el tema, analizar el tema y separarlo en partes, comparando el tema y la técnica de "a favor o en contra".

6.3 *Hacer un borrador*

◆ Da forma a tu escrito

Crea una atmósfera

Una vez que hayas recopilado una variedad de detalles sensoriales, elige los que crean una atmósfera. La atmósfera o estado de ánimo de tu descripción ayudará a tus lectores a entender y a disfrutar de tu trabajo. La atmósfera de un escrito, entre otras cosas, puede ser alegre, pesimista o reflexiva.

◆ Elabora

Usa un lenguaje figurativo

Mientras escribes tu borrador, usa un lenguaje figurativo para hacer que tu descripción sea memorable. Algunos tipos de lenguaje figurativo son el símil, la metáfora, la hipérbole y la personificación.

6.4 *Revisar*

Acuérdate de revisar tus escritos siguiendo lo aprendido en el Capítulo 2.3:

- **Revisa la estructura general**
- **Revisa los párrafos**
- **Revisa las oraciones**
- **Revisa las palabras usadas**
- **Revisión por compañeros**

6.5 *Corregir*

Antes de compartir tu descripción, tómate el tiempo necesario para pulirla. Corrige los errores gramaticales, ortográficos y de puntuación.

◆ Concéntrate en las comas

Asegúrate que has usado las comas correctamente para separar adjetivos de igual importancia y los adjetivos en una serie.

6.6 *Publicar y presentar*

Hay muchas maneras en las que puedes compartir tus trabajos descriptivos. Considera estas estrategias.

◆ Crea una carpeta

Actividad: Exhibe tu trabajo Pide permiso para colocar tu trabajo en un tablero de anuncios de la escuela. Coloca fotografías o ilustraciones cerca del trabajo para aumentar su eficacia.

Actividad: Graba tu trabajo Ensaya primero, leyendo varias veces el trabajo. Marca en tu borrador dónde vas a hacer pausas y qué palabras quieres enfatizar. Luego, graba tu escrito. Puedes pedir a familiares o compañeros que escuchen tu grabación.

◆ Reflexiona sobre lo que escribiste

Usa estas preguntas para escribir una reflexión sobre tu experiencia al escribir tu descripción. Guarda una copia de esta reflexión en tu carpeta.

- ¿Qué aprendiste sobre tu tema mientras escribías tu descripción?
- ¿Qué estrategia para generar temas volverías a usar?

CAPÍTULO 7

Persuasión
Ensayo persuasivo

◆ La persuasión en la vida diaria

La persuasión puede ser convencer a un amigo que vaya a ver una película contigo o regatear sobre el precio de una revista de historietas. La persuasión también puede ser escrita, como cuando envías una carta a un periódico diciendo que no estás de acuerdo con algo que publicaron y expresas tu opinión sobre la cuestión.

◆ ¿Qué es un ensayo persuasivo?

Un **ensayo persuasivo** es un trabajo escrito que tiene como objetivo convencer a los lectores de que acepten una posición o que hagan algo. Un ensayo persuasivo eficaz tiene una opinión o argumento claramente expresado sobre una cuestión en la que hay más de un punto de vista, evidencias que apoyan a la opinión o argumento, detalles memorables y convincentes, un lenguaje descriptivo, y una organización eficiente y lógica.

◆ Tipos de escritura persuasiva

Además de los ensayos hay muchos otros tipos de escritura persuasiva, como las opiniones editoriales y las cartas al editor, los discursos, los informes de posición, y los pedidos de financiación.

7.1 Conexión entre lectura y escritura

Usa las estrategias de lectura y escritura de tu libro.

7.2 Antes de escribir

◆ Elige un tema

Para escribir un ensayo persuasivo eficaz, comienza con un tema que sea importante para ti. Usa las estrategias de abajo.

✍ **Actividad: Hojea los periódicos** Lee rápidamente un periódico para ver si encuentras alguna noticia que te interese en forma personal. ¿Ves algo que te pone furioso, te parece injusto o que quieras cambiar? Usa una de las noticias del periódico como tema.

✍ **Actividad: Haz una lista de cuestiones** Escribe en una hoja títulos como "Temas de la comunidad", "Cuestiones políticas" y "Cuestiones sociales". Debajo de cada título, escribe algunas ideas que se te ocurran sobre el tema. Luego, elige la cuestión que más te interese como tema de tu ensayo.

◆ Limita tu tema

Una vez que hayas escogido un tema general, limítalo para poder presentar tu punto de vista eficientemente. Puedes seguir esta estrategia.

✍ Actividad: Enlazar ideas para limitar el tema

1. Escribe libremente sobre tu tema durante cinco minutos.
2. Lee lo que has escrito y encierra en un círculo la idea más importante.
3. Escribe libremente sobre esa idea durante cinco minutos.
4. Continúa este proceso hasta encontrar un tema lo suficientemente preciso como para tratarlo completamente en tu ensayo persuasivo.
5. Si continúas escribiendo libremente, tal vez puedas identificar un enunciado de propósito, o idea principal, que quieras comunicar con tu ensayo persuasivo.

◆ Tu público y tu propósito

Al escribir, identifica tu público y sus opiniones. Esto te ayudará a lograr tu propósito: convencerlo.

Escribe para varios públicos

Un público hostil es uno que no va a recibir bien tus argumentos. Un público receptivo va a estar más inclinado a escuchar tus razones. Varía tus argumentos de acuerdo a la actitud que esperes de tu público.

◆ Recopilar detalles

Vas a necesitar datos y detalles de una variedad de fuentes para sustentar tu posición. Sigue estas estrategias cuando recopiles la información que necesitas:

1. **Halla información imparcial** Las pruebas obtenidas de una fuente tendenciosa disminuirán la eficacia de tus argumentos.
2. **Entrevistas** Entrevista a un experto en tu tema; sus palabras pueden ser más persuasivas que una cita de una persona sin conocimientos especiales del mismo.
3. **Haz un cuadro de razones a favor y en contra** Crea dos columnas: en la primera, haz una lista de los detalles a favor; en la segunda, escribe los detalles en contra.

7.3 *Hacer un borrador*

◆ Da forma a tu escrito

Estructura tu ensayo persuasivo de la manera que mejor corresponda a tu argumento y evidencia. Usa la estrategia TRI/PS/QA para estructurar párrafos.

◆ Elabora

Elabora tus ideas dando detalles que las expliquen, repitan o amplíen.

Desarrolla tu argumento con pruebas

A medida que escribes, desarrolla y apoya tu argumento con pruebas. Elige detalles de varios tipos y de varias fuentes. Algunos tipos de pruebas que debes considerar incluir en tu ensayo persuasivo son los detalles históricos, los datos estadísticos y los testimonios de expertos. Tratándose de textos las pruebas pueden venir de cartas y documentos personales.

7.4 *Revisar*

Acuérdate de revisar tus escritos siguiendo lo aprendido en el Capítulo 2.3:

- **Revisa la estructura general**
- **Revisa los párrafos**
- **Revisa las oraciones**
- **Revisa las palabras usadas**
- **Revisión por compañeros**

La gramática y tu escritura

Añadir cláusulas paralelas

Una **cláusula** es un grupo de palabras con su propio sujeto y verbo. Una manera para que la gente recuerde tu ensayo es añadiendo **cláusulas paralelas.** Cuando añadas cláusulas paralelas debes recordar lo siguiente:
1. Mantén los verbos de cada cláusula en el mismo tiempo.
2. No cambies el sujeto de las cláusulas.
3. Usa siempre el mismo tipo de cláusula subordinada.

7.5 *Corregir*

◆ Concéntrate en la ortografía

Si cometes errores ortográficos, tus lectores pensarán que tus razones no son muy buenas. Asegúrate que tu ensayo persuasivo no tiene errores de ortografía. Mientras lees, busca palabras con terminaciones que te pueden confundir, como *-ance* y *-ence*.

La gramática y tu escritura

Palabras que terminan en *-ance*, *-ence*

A veces, las terminaciones que suenan parecidas son difíciles de escribir. Entre las palabras que causan más problemas se encuentran las que terminan en *-ance*, y *-ence*.

Si un sustantivo termina en *-ance*, el adjetivo correspondiente va a terminar en *-ant*. Si un sustantivo termina en *-ence*, el adjetivo correspondiente va a terminar en *-ent*.

7.6 *Publicar y presentar*

◆ Crea una carpeta de trabajos

Tu propósito para escribir un ensayo persuasivo es influir en tu público. Para alcanzar este propósito, halla una manera de compartir tu trabajo con otros. Las siguientes son algunas ideas para hacerlo:

    ✎ **Actividad: Periódico escolar** Si el tema de tu ensayo está relacionado con tu escuela o tu comunidad, publícalo en el periódico de la escuela.

    ✎ **Actividad: Periódico local** La página de opiniones editoriales es donde debes tratar de hacerte oír. Averigua qué debes hacer para que un periódico local publique tu ensayo en esa sección.

◆ Reflexiona sobre lo que escribiste

Una vez que hayas terminado tu ensayo, reflexiona sobre tu experiencia al escribirlo. Contesta las siguientes preguntas:

- ¿Qué has aprendido sobre tu tema mientras escribías?
- ¿Qué aprendiste sobre el proceso de escritura persuasiva? ¿Puedes usar lo que aprendiste en otros tipos de escritura?

CAPÍTULO 8

Persuasión
Anuncios publicitarios

◆ Los anuncios publicitarios en la vida diaria

Tú estás rodeado de anuncios. Por ejemplo, cuando ves televisión, probablemente pasas al menos quince minutos cada hora viendo avisos comerciales —los anuncios de diferentes compañías promocionando sus productos. También los ves en camisetas, revistas, carteles, en fin, en todas partes. En los últimos años, los anuncios también se han convertido en algo común en Internet.

◆ ¿Qué es un anuncio?

Un **anuncio** es un mensaje persuasivo pagado por un individuo o compañía. Los anuncios intentan persuadir a la gente de que compre algo, acepte una idea, vote por un candidato o apoye una causa. Pueden aparecer en muchos medios —desde en periódicos y revistas, televisión y radio, hasta en el cielo, cuando los aviones escriben anuncios en el aire. Los anuncios eficaces tienen un eslogan que atrae la atención del público, razones por las cuales los consumidores deben comprar un producto o servicio y detalles que dicen a quién llamar o dónde comprarlo.

◆ Tipos de anuncios

Si bien la mayoría de la gente piensa que los anuncios se usan sólo para vender productos, los anuncios pueden tener muchos objetivos y pueden tomar muchas formas, por ejemplo, pueden ser de interés público o comerciales, ya sea impresos o transmitidos por la radio o la televisión.

8.1 Conexión entre lectura y escritura

Usa las estrategias de lectura y escritura de tu libro.

8.2 Antes de escribir

◆ Elige un tema

Puedes escribir un anuncio para un producto, para un político o para un servicio.

> ✍ **Actividad: Haz una encuesta** Haz la siguiente pregunta para una encuesta: ¿Qué regalo le gustaría recibir para su cumpleaños? Revisa las respuestas y elige una como tema de tu anuncio.

◆ Limita tu tema

Los anuncios eficaces casi siempre son breves y fáciles de recordar. Para limitar tu tema, contesta las siguientes preguntas:

- ¿Qué producto/persona/servicio estoy publicitando?
- ¿Qué es lo que quiero comunicar a mi público sobre este producto/persona/servicio?

Mientras escribes tu aviso, recuerda las respuestas a las preguntas de arriba para limitar tu tema.

◆ Tu público y propósito

Mientras piensas en el aviso que vas a escribir, considera a quién estás tratando de persuadir. Luego, decide qué tipo de lenguaje y qué detalles van a ser más eficaces para ese público.

Elige tus palabras cuidadosamente

Una manera de lograr tu propósito es elegir palabras que sean atractivas para tu público. Toma en consideración la denotación y la connotación de las palabras. La denotación es el significado que aparece en el diccionario. La connotación es la asociación, positiva o negativa, que despierta la palabra.

◆ Recopila detalles

Ponte en el lugar de tu público. Luego, responde a las preguntas que tú, como parte del público, tienes sobre el producto, servicio o persona que estás promocionando. Asegúrate de incorporar esas respuestas en algún lugar de tu anuncio.

8.3 Hacer un borrador

◆ Da forma a tu escrito

Cuando prepares el borrador de tu anuncio, trata de captar inmediatamente la atención del público. Para hacer esto, comienza con la característica más atractiva del producto.

Ordena los detalles del más importante al menos importante

Averigua qué es más importante para tu público y menciona eso primero. Luego, continúa con detalles de menor importancia pero que tu público también va a querer saber.

◆ Elabora

Incluye testimonios, estadísticas y elementos visuales

Elabora tu aviso usando ilustraciones, citas y datos que convenzan a tu público de la superioridad de tu producto.

Los **testimonios** son citas de clientes satisfechos.

Las **estadísticas** son datos numéricos que recomiendan el uso del producto o servicio que se anuncia.

Los **elementos visuales atractivos** pueden incluir fotografías de personas usando el producto o servicio, diagramas que muestren las buenas cualidades del producto o ilustraciones.

8.4 Revisar

Acuérdate de revisar tus escritos siguiendo lo aprendido en el Capítulo 2.3:

- **Revisa la estructura general**
- **Revisa los párrafos**
- **Revisa las oraciones**
- **Revisa las palabras usadas**
- **Revisión por compañeros**

La gramática y tu escritura

Las cuatro funciones de la oración
De la misma manera que las oraciones pueden tener varias estructuras, también pueden tener varias funciones. Trata de incluir en tu escrito oraciones declarativas, interrogativas, exclamativas e imperativas.

Las cuatro funciones de la oración Toda oración cumple una de las siguientes cuatro funciones.
Declarativa —una oración que enuncia, o declara algo
Interrogativa —una oración que hace una pregunta
Exclamativa —una oración que expresa una emoción fuerte
Imperativa —una oración que da una orden

8.5 Corregir

◆ El uso correcto de *your* y *you're*

Los homófonos —palabras que suenan igual pero se escriben distinto— a veces se usan incorrectamente. Por ejemplo, puedes escribir la contracción *you're* en vez del posesivo *your*. Lee cuidadosamente tu aviso para asegurarte de que has usado los homófonos correctamente.

La grámatica y tu escritura

Homófonos
Los **homófonos** son palabras que suenan igual pero se escriben diferente y tienen diferentes significados. Algunos de los homófonos que se confunden más comúnmente son: *It's/Its, By/Buy, Who's/Whose* y *To/Too/Two*.

8.6 *Publicar y presentar*

◆ Crea una carpeta

Usa las siguientes sugerencias para compartir tu escrito persuasivo:

✍ **Actividad: Exhíbelo** Si tu anuncio es sobre un producto o servicio real, pide permiso para exhibirlo en la cartelera de anuncios de tu escuela.

✍ **Actividad: Grábalo** Adapta tu anuncio para presentarlo por la radio. Añade efectos de sonido y grábalo. Pide a tus compañeros que lo escuchen.

◆ Reflexiona sobre lo que escribiste

Piensa y escribe sobre la experiencia de escribir el anuncio. Luego contesta estas preguntas e incluye las respuestas en tu carpeta.

• ¿Qué aprendiste mientras escribías sobre la forma en que te relacionas con tu público?
• ¿Qué estrategias para antes de escribir, hacer un borrador, revisar o corregir le recomendarías a un amigo?

CAPÍTULO 9

Exposición
Ensayo de comparación y contraste

◆ La comparación y el contraste en la vida diaria

Comparar y contrastar son procesos que realizas todos los días. Cuando decides qué película ver o qué libro comprar, estás analizando similitudes y diferencias entre dos o más opciones y estás formando una opinión sobre cada una.

◆ ¿Qué es un ensayo de comparación y contraste?

Los ensayos de comparación y contraste eficaces tienen dos o más temas que se comparan y contrastan, detalles que muestran las similitudes y diferencias entre los temas, transiciones que muestran claramente las relaciones entre los temas, y una estructura eficaz, como una organización de punto por punto o tema por tema.

◆ Tipos de ensayos de comparación y contraste

Los temas de comparación y contraste pueden variar mucho. Algunos ejemplos son los hechos históricos importantes; las obras de arte, literarias o musicales; las vidas y logros de figuras de la historia; y los efectos de diferentes leyes o políticas.

9.1 Conexión entre lectura y escritura

Usa las estrategias de lectura y escritura de tu libro.

9.2 Antes de escribir

◆ Elige un tema

Elige dos o más temas para explorarlos en un ensayo de comparación y contraste.

✍ **Actividad: Escribe libremente** Escribe durante cinco minutos sobre algunas decisiones que tomaste recientemente. Usa una de esas ideas como base para tu ensayo.

✍ **Actividad: Haz listas** Elige un tema amplio y haz una lista de las ideas que te vienen a la mente. Busca conexiones entre dos o más de las cosas que anotaste.

◆ Evalúa tu tema

Evalúa los temas que has elegido para asegurarte de que es razonable compararlos. No compares temas muy diferentes y cerciórate de que no sean muy amplios.

Usa un diagrama de Venn

Para evaluar si tus temas tienen suficientes semejanzas y diferencias, usa un diagrama de Venn. En tu libro de inglés aparece un ejemplo.

◆ Tu público y tu propósito

El público y propósito de tu ensayo afectarán el tipo de información que incluyas en él. Piensa en quiénes leerán tu ensayo, cuánto saben del tema y qué aspectos encontrarán más interesantes para identificar tu propósito.

◆ Recopila detalles

Reúne suficientes detalles, descripciones, datos, ejemplos y razones para que tu público entienda claramente las cosas que comparas y también para sustentar lo que digas sobre sus semejanzas y diferencias. Puedes hacer esto de tres maneras:

Usa tu experiencia

Usa tu experiencia cuando compares productos, lugares o cosas que conoces personalmente o si estás comparando obras de arte, literatura o música.

Usa fuentes originales

Las fuentes originales son las palabras u obras de personas que participaron o presenciaron un acontecimiento específico. Las fuentes originales incluyen informes científicos, folletos de compañías, discursos, diarios o respuestas de entrevistas.

Usa fuentes secundarias

Las fuentes secundarias son publicaciones en las que el autor presenta un tema basándose en pruebas de varias fuentes originales.

9.3 Hacer un borrador

◆ Da forma a tu escrito

Organización tema por tema

En este tipo de organización, habla primero sobre todos los aspectos de un tema y luego sobre todos los aspectos del segundo tema.

Organización punto por punto

Esta organización te permite comparar cada aspecto de los temas uno por uno.

◆ Elabora

Da ejemplos

Elabora tus puntos dando detalles específicos y ejemplos que aclaren las similitudes y diferencias entre los temas.

Da datos

Presenta datos que den a tus lectores un claro entendimiento de los temas de los que hablas.

Da citas y datos estadísticos

Usa citas y datos estadísticos o numéricos, para dar validez a los puntos que presentas en tu ensayo de comparación y contraste.

9.4 Revisar

Acuérdate de revisar tus escritos siguiendo lo aprendido en el Capítulo 2.3:

- **Revisa la estructura general**
- **Revisa los párrafos**
- **Revisa las oraciones**
- **Revisa las palabras usadas**
- **Revisión por compañeros**

La gramática y tu escritura

Conjunciones

Una conjunción es una palabra que se usa para conectar otras palabras o grupos de palabras. En inglés, hay tres clases principales de conjunciones: Las **conjunciones coordinantes** conectan grupos similares de palabras. Las **conjunciones correlativas** se usan en pares para conectar palabras o grupos de palabras similares. Las **conjunciones de subordinación** conectan dos ideas completas al considerar a una de las ideas de menor importancia con respecto a otra.

9.5 Corregir

Lee cuidadosamente tu ensayo para corregir los errores de ortografía, puntuación y gramática.

◆ Concéntrate en la puntuación

Como los ensayos de comparación y contraste tratan de dos o más temas, con frecuencia tienen oraciones compuestas. Presta mucha atención a la puntuación de estas oraciones y verifica que hayas usado las comas correctamente.

La gramática y tu escritura

La puntuación de oraciones compuestas

Una oración compuesta consiste de dos o más cláusulas independientes unidas por una coma, una conjunción coordinante o un punto y coma. Usa una coma antes de la conjunción que une a las cláusulas de una oración compuesta. Usa un punto y coma cuando no se use una conjunción para unir dos cláusulas independientes relacionadas estrechamente.

9.6 *Publicar y presentar*

◆ Crea una carpeta

Considera estas sugerencias para publicar y presentar tu trabajo.

✍ **Actividad: Presentación** Presenta tu ensayo de comparación y contraste a la clase. Recopila o crea ayudas visuales, como fotografías y gráficas, y decide en qué orden las vas a presentar. Ensaya tu presentación.

✍ **Actividad: Ensayo electrónico** Añade a tu ensayo fotografías digitalizadas, segmentos de videos o de sonido u otros elementos de multimedios. Comparte tu ensayo publicándolo en una página web o en una computadora de la escuela.

◆ Reflexiona sobre lo que escribiste

Piensa en lo que aprendiste al escribir tu ensayo. Luego, escribe tus reflexiones y añádelas a tu carpeta.

- ¿Tuviste alguna sorpresa mientras compilabas detalles para tu ensayo?
- ¿Si pudieras empezar de nuevo, elegirías los mismos temas? ¿Por qué?

CAPÍTULO 10

Exposición
Ensayo de causa y efecto

◆ Relaciones de causa y efecto en la vida diaria

Aconsejar a un amigo que estudie más para sacar mejores notas o comprar un extintor de incendios son acciones que demuestran una comprensión de las relaciones de causa y efecto. Las relaciones entre causa y efecto también se exploran por escrito. Los artículos de periódicos y revistas con frecuencia describen las causas y los efectos relacionados con ciertos temas, como el delito, la política o el medio ambiente.

◆ ¿Qué es un ensayo de causa y efecto?

Un **ensayo de causa y efecto** es un trabajo escrito que describe la relación entre un hecho o circunstancia y sus causas. Los buenos ensayos de causa y efecto tienen un tema claramente expresado que explica qué relaciones de causa y efecto se explorarán, un método de organización claro y eficaz, detalles y ejemplos que elaboran las declaraciones del autor, y transiciones que conectan claramente y sin esfuerzo las ideas del autor.

◆ Tipos de ensayos de causa y efecto

Las relaciones entre causa y efecto se exploran en muchos tipos de trabajos, como los artículos históricos, las explicaciones de procesos y las predicciones.

10.1 Conexión entre lectura y escritura

Usa las estrategias de lectura y escritura de tu libro.

10.2 Antes de escribir

◆ Elige un tema

Elige un tema que te interese y que tenga como foco una relación de causa y efecto.

✍ **Actividad: Haz un boceto de una escena** Dibuja una escena y busca en el boceto detalles interesantes que puedan ser un buen tema de escritura.

✍ **Actividad: Hojea un periódico** Busca rápidamente en un periódico temas que puedas relacionar con causas y efectos. Haz una lista de los temas que encuentres. Luego, revisa la lista y elige el tema que encuentres más interesante.

◆ Limita tu tema

Una vez que tengas una idea general sobre tu tema, trabaja con ese material hasta que lo hayas limitado lo suficiente como para tratarlo eficientemente en tu ensayo.

Usa la técnica del cubo

Esta técnica te permite observar tu tema desde seis perspectivas diferentes. En tu libro de inglés aparece un ejemplo de la técnica del cubo.

◆ Tu público y tu propósito

Antes de recopilar detalles, identifica a tu público y tu propósito. Ambos influirán en las palabras que uses, los detalles que incluyas y la forma en que los presentes. Sigue el modelo del libro en inglés.

◆ Recopila detalles

Antes de escribir, reúne y organiza los detalles para tu ensayo de causa y efecto.

Usa tarjetas de notas

Antes de comenzar a escribir, haz tarjetas basadas en, al menos, tres o cuatro fuentes diferentes. En cada tarjeta, anota la cita o idea que quieres incluir en tu ensayo junto con su fuente de origen.

Cuadro de causas y efectos

Escribe en una hoja de papel la causa o suceso que elegiste como tema. Luego, usa flechas y cuadros para mostrar los acontecimientos o condiciones que son resultado de esa causa.

10.3 *Hacer un borrador*

◆ Da forma a tu escrito

Una vez que hayas recopilado todos los detalles, estructura tu ensayo. Elige un método lógico de organización que puede ser uno de los siguientes.

Organización cronológica Este método organiza los hechos en el orden en que ocurrieron. Puedes comenzar con el efecto y retroceder en el tiempo, analizando las causas una por vez o, siempre en orden cronológico, empezar con la causa y describir sus efectos.

Orden de importancia Este método te permite desarrollar un argumento o presentar varias causas y efectos siguiendo un orden de importancia. Puedes comenzar con el hecho más importante y terminar con el de menor importancia o viceversa.

◆ Elabora

Elabora tu borrador de causa y efecto para darle más profundidad y detalle. Los diferentes tipos de elaboración incluyen ejemplos, estadísticas, citas y otros tipos de detalles que fundamenten tus ideas.

> ✐ **Actividad: Usa la técnica SEE de elaboración** Usa la técnica SEE (en inglés, *Statement, Extension, Elaboration*) para dar más profundidad a tu trabajo. Primero, escribe una declaración básica sobre tu tema. Luego, escribe otra oración que amplíe la primera oración. Por último, escribe una oración que elabore o desarrolle la ampliación.

10.4 *Revisar*

Acuérdate de revisar tus escritos siguiendo lo aprendido en el Capítulo 2.3:

- **Revisa la estructura general**
- **Revisa los párrafos**
- **Revisa las oraciones**
- **Revisa las palabras usadas**
- **Revisión por compañeros**

La gramática y tu escritura

Frases de transición
Usa frases de transición en tu ensayo de causa y efecto para mostrar las conexiones entre ideas. Estas frases pueden aparecer al comienzo de la oración, entre el sujeto y el verbo o al final de la oración.

Una **frase preposicional** es un grupo de palabras con una preposición y un sustantivo o pronombre, llamado complemento de preposición.

Una **frase con participio** es un participio modificado por un adverbio o frase adverbial o que está acompañado por un complemento. Toda la frase actúa como un adjetivo.

Una **frase con infinitivo** es un infinitivo con modificadores, complementos o un sujeto; todos ellos actúan como una unidad de expresión.

10.5 *Corregir*

Vuelve a leer tu ensayo de causa y efecto cuidadosamente y corrige los errores ortográficos, de puntuación o gramaticales. Verifica dos veces las estadísticas y todos los datos.

◆ Concéntrate en las palabras fáciles de confundir

Lee tu ensayo y asegúrate que usaste correctamente las siguientes palabras: *since, because, then* y *than.*

La gramática y tu escritura

Uso correcto de *since, because, then* y *than*
- Usa *since* únicamente cuando te refieres a un momento pasado. No uses *since* con el significado de *because* (porque).
- Usa *because* cuando quieras decir "la razón por la que...".
- Usa *then* para referirte a un momento pasado.
- Usa *than* en comparaciones entre personas, lugares, ideas o acontecimientos.

10.6 *Publicar y presentar*

◆ Crea una carpeta

Considera estas ideas para compartir tu trabajo.

✍ **Actividad: Presentación** Usa tu ensayo como base para una presentación de causa y efecto. Usa fotografías, cuadros y diagramas mientras explicas el tema de tu trabajo. Guarda el ensayo y las ayudas visuales en tu carpeta.

✍ **Actividad: Correo electrónico** Comparte tu trabajo con amigos o compañeros a través del correo electrónico.

◆ Reflexiona sobre lo que escribiste

Piensa en tu experiencia al escribir el ensayo y contesta las siguientes preguntas. Guarda tus respuestas en tu carpeta.

- ¿Qué aprendiste sobre tu tema mientras escribías tu ensayo?
- ¿Qué estrategia recomendarías para escribir un ensayo de causa y efecto? ¿Por qué?

CAPÍTULO 11

Exposición
Ensayo de problema y solución

◆ **Ensayos de problema y solución en la vida diaria**

Enfrentar problemas difíciles te puede ayudar a desarrollar estrategias poderosas y eficaces para la vida diaria. Escribir sobre problemas y soluciones te ayuda a hallar alternativas originales a tus problemas y te permite compartir esas soluciones con otros.

◆ **¿Qué es un ensayo de problema y solución?**

Un **ensayo de problema y solución** es un tipo específico de exposición que identifica un problema y luego presenta una o más posibles soluciones. Usualmente expresa claramente un problema específico y real, identifica los aspectos más importantes del problema, presenta una o más posibles soluciones y sustenta cada solución con detalles específicos y razones lógicas.

◆ **Tipos de ensayos de problema y solución**

Las **cuestiones del consumidor** tratan de problemas con productos y servicios y de sus posibles soluciones.

Las **cuestiones locales** pueden ser problemas que afectan a tu comunidad, como el presupuesto escolar o la falta de personal en una biblioteca.

Las **cuestiones de negocios** comprenden los problemas que enfrenta una compañía o empresa, como problemas de presupuesto o demoras en la producción.

11.1 *Conexión entre lectura y escritura*

Usa las estrategias de lectura y escritura de tu libro.

11.2 *Antes de escribir*

◆ **Elige un tema**

Comienza identificando un problema importante sobre el que tengas una opinión sólida. Tu ensayo será más eficaz si eliges un problema importante, en vez de uno simple de fácil solución. Usa estas estrategias para hallar un tema.

✎ **Actividad: Habla con un compañero** Como ayuda para identificar problemas en tu comunidad o escuela puedes hablar con un compañero. También pueden hablar sobre cuestiones nacionales o internacionales. Fíjate en el cuadro de tu libro en inglés.

◆ Limita tu tema

Si tu tema es demasiado amplio, limítalo y trata de solucionar un solo problema.

✍ **Actividad: Usa enlaces para limitar el tema** Enlazar los aspectos claves de tu tema puede ayudarte a concentrarte en él. Escribe libremente sobre tu tema por unos cinco minutos. Lee lo que has escrito y encierra en un círculo la idea más interesante o importante. Luego, escribe sobre esa idea durante otros cinco minutos. Repite este proceso hasta que hayas limitado tu tema lo suficientemente como para tratarlo detalladamente en tu ensayo.

◆ Tu público y tu propósito

El tipo de lenguaje que uses dependerá del público que lea tu ensayo de problema y solución. Si tu público son tus amigos, probablemente ellos preferirán un lenguaje informal. Sin embargo, otros públicos responderán mejor si usas un lenguaje formal para comunicar tus ideas.

◆ Recopila detalles

Para desarrollar con éxito un ensayo, necesitas un conjunto sólido de hechos, datos estadísticos, ejemplos y otros tipos de fundamentación. Seguramente vas a tener que ir a la biblioteca o a Internet para hacer tu investigación y recopilar el material necesario.

Recopila varios tipos de detalles

Mientras reúnes la información, trata de hallar la que explica completamente el problema que te propones resolver y los pasos y aspectos de la solución.

- **Ejemplos** Da ejemplos obtenidos en tu investigación o ejemplos de la vida real para explicar el problema y su historia.
- **Entrevistas** Habla con gente que tenga un completo conocimiento del problema o que tenga ideas concretas sobre cómo solucionarlo.
- **Encuestas** Crea y distribuye una encuesta que trate de obtener ideas sobre el problema y sus posibles soluciones. Coloca las respuestas en una tabla y menciona los resultados en tu ensayo.

11.3 Hacer un borrador

◆ Da forma a tu escrito

Comienza con el problema

Tu ensayo de problema y solución debe comenzar con una descripción detallada del problema. Asegúrate de que tu público entiende todos los aspectos importantes del problema. Una vez que el problema esté claro, escribe sobre la solución.

Usa una reseña Una reseña te puede ayudar a organizar tus ideas antes de escribir. Observa los ejemplos de tu libro en inglés.

◆ Elabora

Luego de hacer tu reseña, comienza a escribir tu primer borrador. Apoya cada punto de la reseña añadiendo datos y otros detalles, ampliando ideas y hablando sobre conceptos importantes relacionados.

11.4 *Revisar*

Acuérdate de revisar tus escritos siguiendo lo aprendido en el Capítulo 2.3:

- **Revisa la estructura general**
- **Revisa los párrafos**
- **Revisa las oraciones**
- **Revisa las palabras usadas**
- **Revisión por compañeros**

La gramática y tu escritura

Los seis tiempos verbales
Hay seis tiempos verbales. Cada tiempo tiene una **forma básica**: presente, pasado, futuro, presente perfecto, pasado perfecto y futuro perfecto.

Cada tiempo también tiene una **forma progresiva**, que termina en *-ing*: presente progresivo, pasado progresivo, futuro progresivo, presente perfecto progresivo, pasado perfecto progresivo y futuro perfecto progresivo.

11.5 *Corregir*

Revisa tu borrador para corregir la ortografía, la puntuación y la gramática.

◆ Concéntrate en *that* y *which*

Con frecuencia las palabras *that* y *which* se usan incorrectamente. Mientras lees tu ensayo, verifica que hayas usado estas palabras correctamente.

La gramática y tu escritura

Cláusulas restrictivas y no restrictivas
Las cláusulas adjetivadas con frecuencia empiezan con *that* o *which*. Puedes decidir qué palabra usar si sabes si la cláusula es restrictiva o no restrictiva.

Una **cláusula restrictiva** contiene información que es esencial para el significado del sustantivo al que modifica, y puede ampliarlo, limitarlo o definirlo. Comienza las cláusulas restrictivas con *that*.

Una **cláusula no restrictiva** contiene información que no es esencial para el significado del sustantivo al que modifica. Comienza una cláusula no restrictiva con *which*. Separa con comas una cláusula no restrictiva del resto de la oración.

11.6 *Publicar y presentar*

◆ Crea una carpeta

🖐 **Actividad: Organiza una lectura de grupo** Ocúpate de organizar una lectura de grupo en la que se lean ensayos sobre distintos problemas y sus posibles soluciones.

🖐 **Actividad: Publica tu ensayo** Envía tu ensayo a una revista o página *web* que acepte trabajos de estudiantes.

◆ Reflexiona sobre lo que escribiste

Reflexiona sobre lo que aprendiste al escribir este ensayo. Escribe las respuestas a estas preguntas y guárdalas en tu carpeta.

- ¿Sobre qué te fue más difícil escribir, el problema o la solución? ¿Por qué?
- ¿Qué estrategias usaste para que tu ensayo fuera completo y eficaz?

CAPÍTULO 12

Investigación
Informe

◆ La investigación en la vida diaria

Tú investigas cada vez que buscas un número en el directorio telefónico o hablas con tu médico sobre nutrición. Los resultados de la investigación muchas veces se presentan por escrito, por ejemplo, cuando haces un informe para la escuela.

◆ ¿Qué es un informe?

Un **informe** eficaz se centra en un tema específico y limitado, que generalmente es resumido en un enunciado de propósito; presenta información importante obtenida de una variedad de fuentes; estructura la información de una manera lógica y efectiva; e identifica las fuentes de las que se obtuvo la información.

◆ Tipos de informe

Además de los informes de investigación, existen muchos tipos especializados de escritura que dependen de una investigación precisa para llegar a reveladoras conclusiones. Algunos son las presentaciones de multimedia, los informes estadísticos, las bibliografías anotadas y los cuadernos de laboratorio.

12.1 *Conexión entre lectura y escritura*

Usa las estrategias de lectura y escritura de tu libro.

12.2 *Antes de escribir*

◆ Elige un tema

Para elegir un tema para tu informe considera lo que te interesa. Todo tema sobre el que te gustaría saber más puede ser un buen tema, desde los antibióticos hasta la zoología. Puedes consultar un mapa, globo terráqueo o atlas o hacer una lista de personas famosas.

◆ Limita tu tema

Debes limitar tu tema para poder tratarlo completamente dentro de las restricciones de espacio de tu ensayo. Puedes mirar las entradas de enciclopedias, leer las tablas de contenido y hojear los índices de libros para hallar ideas relacionadas.

◆ Tu público y tu propósito

Mientras reúnes información para tu informe de investigación, elige palabras y detalles
que atraigan a tu público y te ayuden a lograr tu propósito. Para lograr un tono serio,
muchos autores de informes usan un lenguaje formal. Este tipo de lenguaje usa un
vocabulario sofisticado, oraciones de estructuras variadas y no usa contracciones.

◆ Recopila información

Prepara un plan de investigación para hallar la información que necesitas de una variedad
de fuentes.

✍ **Actividad: Investiga en la biblioteca** Aprender a usar los recursos de una
biblioteca te ayudará a aprovechar tu tiempo cuando tengas que buscar
información. Usa el catálogo para buscar títulos. Usa los índices de publicaciones
periódicas y bibliografías para hallar información sobre artículos acerca de temas
específicos. Muchas bibliotecas tienen acceso a Internet, donde también puedes
investigar tus temas. Para organizar tu plan de investigación en la biblioteca,
prepara un cuadro K-W-L. Divide este cuadro en tres secciones con los títulos: Lo
que sé, Lo que quiero saber y Lo que aprendí.

Toma notas organizadas

Uno de los mayores desafíos al realizar una investigación es mantener organizada la
información que encuentras. Puedes usar las tarjetas de fuentes, las tarjetas de notas, las
fotocopias y la información que encuentres en Internet.

◆ La investigación personal

Considera agregar a la información que encuentres en diferentes fuentes la información
que obtengas por tus propios medios. Realizar entrevistas y hacer encuestas pueden hacer
que tu trabajo sea particularmente eficaz. De esta manera podrás presentar datos y citas
completamente originales.

- **Entrevistas** Realiza entrevistas para obtener información de fuentes originales.
- **Estudios y encuestas** Usa los estudios y las encuestas para compilar información sobre
  la opinión pública.
- **Experimentos** Realiza experimentos para probar teorías en el campo de las ciencias o de
  las ciencias sociales.

12.3 *Hacer un borrador*

◆ Da forma a tu escrito

Necesitas dar a tu informe una organización eficaz para comunicar claramente la
información a un público.

Elige una estrategia de organización

Una estructura cuidadosamente planificada puede ser la diferencia entre un escrito que
causa efecto, y uno confuso y desordenado. Observa los ejemplos en tu libro de inglés.

Prepara una reseña

Escribe una reseña para organizar los detalles que has recopilado. Fíjate en el ejemplo que
aparece en tu libro de inglés.

◆ Elabora

Elabora las notas

Mientras escribes tu borrador, consulta tus notas o fotocopias para dar datos, ejemplos y citas. Además de mencionar la información que encontraste, presenta también tus propias ideas y análisis. Parafrasea lo que dijo alguien, a menos que pienses citar textualmente las palabras de esta persona colocándolas entre comillas. Debes citar todas las fuentes mencionadas en tu informe.

12.4 *Revisar*

Acuérdate de revisar tus escritos siguiendo lo aprendido en el Capítulo 2.3:

- **Revisa la estructura general**
- **Revisa los párrafos**
- **Revisa las oraciones**
- **Revisa las palabras usadas**
- **Revisión por compañeros**

La gramática y tu escritura

Todas las oraciones tienen al menos un sujeto y un verbo. Los sujetos y verbos deben concordar en número. En algunos casos, puede no estar claro cómo hacer para concordar el verbo y el sujeto.

Oraciones inversas

Cuando un verbo viene antes que el sujeto, se dice que la oración es inversa. Un sujeto que viene después del verbo debe concordar con él en número.

Sustantivos colectivos

Los sustantivos colectivos pueden ser singulares o plurales, de acuerdo a su uso. Si un sustantivo colectivo se refiere a todo el grupo, usa el verbo en singular. Si un sustantivo colectivo se refiere a individuos del grupo, usa el verbo en plural.

Plurales confusos

Algunos sustantivos tienen forma plural pero su significado es singular. La mayoría de ellos nombra áreas del conocimiento. Otros nombran una sola cosa o idea. Si un sustantivo es plural en forma, pero singular en significado, usa el verbo en singular.

12.5 Corregir

Antes de entregar tu trabajo, prepara una lista de los trabajos consultados y lee tu borrador para corregir errores.

◆ Prepara una lista de trabajos consultados

Ningún ensayo de investigación está completo sin una lista de trabajos consultados. Haz una lista en la que enumeres detalladamente todas las fuentes que consultaste para escribir tu ensayo. Pregunta a tu maestro qué formato debes dar a tu lista.

◆ Concéntrate en leer

Lee tu borrador para asegurarte de que todos los pasajes citados, títulos de libros, nombres de autores y números de páginas son correctos. Verifica que usaste correctamente los signos de puntuación. Subraya los títulos de escritos largos, los nombres de películas, de series en la televisión, pinturas y esculturas. Encierra entre comillas los títulos de trabajos cortos. Usa comillas para destacar los títulos de fotografías.

La gramática y tu escritura

Mencionar fuentes
Asegúrate de mencionar las fuentes de información consultadas.

Notas a pie de página y notas al final del trabajo Cuando uses este tipo de notas, incluye todos los detalles acerca de la fuente y cita el número de la página. Señala las notas a pie de página con un número en la parte de abajo de la página donde aparecen. Para las notas al final del trabajo, coloca la documentación en orden numérico en una página que venga antes de la lista de referencia.

Referencias entre paréntesis Dar referencias entre paréntesis ayuda a los lectores a saber rápida y fácilmente qué fuentes usaste. Una referencia entre paréntesis incluye generalmente el apellido del autor y el número de las páginas de donde tomaste la información. La información completa sobre cada fuente a la que te refieres entre paréntesis debe aparecer en tu lista de trabajos consultados.

Lista de trabajos consultados Esta lista aparece al final de un informe e incluye toda la información sobre todas las fuentes usadas. Los títulos generalmente aparecen en orden alfabético de acuerdo al apellido de sus autores y se escriben en cursiva o se subrayan.

Bibliografía Presenta tus fuentes en un formato estándar. Da los nombres de los autores, títulos de las fuentes, lugar y fecha de publicación y nombre de la institución editora.

12.6 Publicar y presentar

Ésta es una sugerencia para presentar tu trabajo.

✏ **Actividad: Antología de la clase** Prepara una antología de los informes de tus compañeros.

◆ Reflexiona sobre lo que escribiste

Usa estas preguntas para guiar tu reflexión. Guarda las respuestas en tu carpeta.

- ¿Dónde encontraste la información más útil?
- ¿Cuáles de las estrategias para escribir te gustaría usar de nuevo?

CAPÍTULO 13

Respuesta a la literatura

◆ **La respuesta a la literatura en la vida diaria**
Probablemente respondes a la literatura en tu vida diaria más frecuentemente de lo que piensas. Por ejemplo, cuando le prestas un libro a un amigo y le dices: "Es muy bueno."

◆ **¿Qué es la respuesta a la literatura?**
La **respuesta a la literatura** es la reacción del lector a cualquier aspecto de la obra literaria que está leyendo. Algunas respuestas son académicas y formales, otras son informales y más personales.

◆ **Tipos de respuesta a la literatura**
Los lectores pueden responder de varias maneras a la literatura, como por ejemplo a través de entradas de diarios, reseñas críticas y análisis literarios.

13.1 Conexión entre lectura y escritura

Usa las estrategias de lectura y escritura de tu libro.

13.2 Antes de escribir

◆ **Elige un tema**
El mejor tema para un ensayo de respuesta a la literatura es uno sobre el que tengas una opinión fuerte. Para elegir un tema puedes hacer una lista, revisar tu diario o hablar con un compañero.

◆ **Limita tu tema**
Antes de comenzar a escribir, limita tu tema para poder desarrollar completamente tus ideas dentro de las restricciones de espacio de tu ensayo.

   ✍ **Actividad: Haz una red** Puedes hacer una red y cambiar los títulos y las categorías según creas necesario. Elige uno de los subtemas como tema limitado.

◆ **Tu público y propósito**
Las respuestas a la literatura son leídas por públicos muy diferentes. Elige detalles que atraigan a tu público.

◆ Recopila detalles

Una vez que hayas limitado tu tema, recopila detalles que apoyen tu propósito e idea principal.

✍ **Actividad: Usa seis elementos literarios para recopilar detalles** Podrás explorar todos los aspectos importantes de una obra literaria si recopilas detalles sobre estos seis puntos específicos: evaluación, referencias literarias, análisis de elementos literarios, temas, referencias personales, argumento.

13.3 Hacer un borrador

◆ Da forma a tu escrito

Organiza los detalles que has recopilado y preséntalos lógicamente en tu borrador. Una manera de hacer esto es desarrollar un enunciado de propósito y apoyarlo con los detalles.

◆ Elabora

Cita pasajes de la obra

Mientras preparas tu borrador de respuesta a la literatura, cita palabras, líneas o pasajes de la obra que elegiste como tema.

13.4 Revisar

Acuérdate de revisar tus escritos siguiendo lo aprendido en el Capítulo 2.3:

- **Revisa la estructura general**
- **Revisa los párrafos**
- **Revisa las oraciones**
- **Revisa las palabras usadas**
- **Revisión por compañeros**

La gramática y tu escritura

Pronombres y antecedentes

En tu ensayo de respuesta a la literatura tienes que haber usado muchos **pronombres** para referirte a los personajes de la obra que elegiste. Un pronombre se usa en lugar de un sustantivo. El sustantivo al que reemplaza el pronombre se llama **antecedente**.

Corregir pronombres poco claros

Las pronombres ambiguos, o poco claros, se pueden corregir de dos maneras.

1. Reemplazando el pronombre por el sustantivo original.
2. Volviendo a escribir la oración para que sea más clara.

13.5 *Corregir*

◆ Concéntrate en los títulos

A segúrate de ponerle mayúsculas a los títulos y nombres propios.

13.6 *Publicar y presentar*

◆ Crea una carpeta

✍ **Actividad: Periódico escolar o página web** Puedes tratar de publicar tu trabajo en algún periódico de estudiantes o en un sitio web para estudiantes. Primero, pregunta al editor del periódico o del sitio web cómo debes presentar tu trabajo para que sea aceptado.

✍ **Actividad: Club del libro** Comparte tu trabajo crítico con un grupo de lectores que se reúna regularmente para hablar sobre libros. Prepara notas que puedas consultar mientras hablas.

◆ Reflexiona sobre lo que escribiste

- ¿Qué aprendiste sobre cómo apreciar la literatura mientras escribías tu ensayo?
- ¿Qué estrategia para antes de escribir, hacer un borrador, revisar o corregir recomendarías a un amigo?

CAPÍTULO 14

Escritura para evaluación

◆ La evaluación en la escuela

Ser evaluado es parte de la vida diaria. Por ejemplo, al evaluarte, un maestro de música puede determinar cuánto has progresado en tu estudio del trombón en el curso de un año.

En clase, la evaluación ayuda a los maestros a determinar cuánto han aprendido los estudiantes y cuál ha sido su progreso cuando lo comparan con el de otros estudiantes. Los maestros usan varios métodos de evaluación que van desde pruebas y preguntas hechas en la clase hasta la asignación de proyectos especiales.

◆ ¿Qué es la evaluación?

Evaluar es determinar una cantidad o un valor. En la vida diaria, podemos ser evaluados por un número de personas, desde nuestros padres hasta nuestros supervisores. En la escuela, sin embargo, la evaluación se usa para determinar el conocimiento de los estudiantes, su habilidad para aprender y para resolver problemas. Hay muchos tipos de pruebas que permiten a los maestros evaluar el progreso de sus estudiantes.

14.1 Antes de escribir

◆ Elige un tema

Para evaluar tu comprensión de un tema, te pueden pedir que escribas un ensayo. En muchos casos, el ensayo tendrá más de una pregunta y te pedirán que elijas una y que escribas tu ensayo sobre ella. Sigue estas sugerencias para elegir un tema para un ensayo de prueba.

- **Da un vistazo a las preguntas**.
- **Busca palabras clave**.
- **Identifica el formato**.

◆ Limita tu respuesta

Identifica tu punto principal para limitar tus respuestas. Para hacer esto, fíjate específicamente en qué es lo que debes hacer para contestar la pregunta, ¿Debes defender una posición, mostrar las causas de algo o hacer una predicción? Usa las siguientes estrategias para limitar tu respuesta.

- **Identifica las palabras clave.**
- **Haz que las palabras clave y el enunciado de propósito concuerden.**
- **Identifica tu público y propósito.**

14.2 *Hacer un borrador*

◆ Da forma a tu escrito

Elige un método de organización
Dedica un momento a organizar tus pensamientos y a planear una estructura para tu ensayo. Puedes usar cualquiera de los siguientes métodos de organización.

- **Organización de comparación y contraste**
- **Organización cronológica**
- **Organización Nestoriana**

◆ Elabora
Elabora tu trabajo dando detalles de apoyo que definan, repitan o expliquen tus ideas principales.

Da detalles de apoyo
Los **ejemplos** pueden incluir explicaciones y referencias a obras literarias o experiencias personales. Las **citas** pueden ser de personas conocidas o de obras literarias. Las **comparaciones** se pueden hacer del pasado o el presente y de la realidad o de la ficción, y ayudan a los lectores a entender ideas imprecisas o poco conocidas. Las **observaciones personales** pueden incluir tus opiniones y experiencias. También puedes usar libros que has leído o películas que has visto.

14.3 *Revisar*

Acuérdate de revisar tus escritos siguiendo lo aprendido en el Capítulo 2.3:

- **Revisa la estructura general**
- **Revisa los párrafos**
- **Revisa las oraciones**
- **Revisa las palabras usadas**
- **Revisión por compañeros**

14.4 *Corregir*

Los errores de ortografía indican descuido o ignorancia de parte del autor. Asegúrate de corregirlos.

◆ Concéntrate en la ortografía
Para pruebas de libro abierto y sin límite de tiempo Usa un diccionario para verificar la ortografía de las palabras que no estás seguro cómo escribir. Recuerda que los correctores ortográficos de las computadoras no pueden reconocer ciertos errores.

Para ensayos con límite de tiempo Si sabes qué tipos de errores ortográficos cometes más frecuentemente, hojea tu trabajo para localizarlos. Presta atención a los homófonos.

14.5 *Publicar y presentar*

◆ Crea una carpeta

✎ **Actividad: Carpeta** Guarda tu ensayo terminado en tu carpeta. Escribe una breve
nota diciendo dónde y cuándo hiciste ese examen.

✎ **Actividad: Consejero estudiantil** Da una copia de tu ensayo a tu consejero
estudiantil para que lo evalúe. Luego, reúnete con él para hablar sobre cómo puedes
aprovechar tus habilidades de escritor.

◆ Reflexiona sobre lo que escribiste

Dedica algún tiempo a pensar sobre la escritura para evaluación. Luego, contesta las
siguientes preguntas. Guarda las respuestas en tu carpeta.

- ¿Estuviste satisfecho con la pregunta que elegiste contestar? ¿Por qué?
- Si le tuvieras que explicar a alguien cómo escribir eficientemente para una evaluación,
¿qué puntos enfatizarías? ¿Por qué?

CAPÍTULO 15

Escritura en el trabajo

◆ La escritura en el trabajo y en la vida diaria

Cuando llenas una boleta de depósito bancario o escribes una carta proponiendo que se realice una actividad en tu escuela, estás usando las habilidades de la escritura en el lugar de trabajo. Este tipo de escritura permite que la gente se comunique con sus compañeros de clase, compañeros de trabajo o clientes. También permite la comunicación entre distintas oficinas del gobierno o entre gobiernos de diferentes países.

◆ ¿Qué es la escritura en el trabajo?

La **escritura en el trabajo** comprende muchos escritos diferentes, todos con una base real y el propósito de comunicar información específica en formatos conocidos. La mayoría de los trabajos de escritura en el lugar de trabajo es informativa o persuasiva y los medios en que se publican estos trabajos están cambiando rápidamente, incluyendo los correos regular y electrónico, tableros de anuncios electrónicos, memorandos y muchos más. Esta escritura tiene generalmente las siguientes características.

- Comunica un mensaje claro, directa y brevemente, usando para ello un formato determinado.
- Anticipa y contesta las preguntas que puedan tener los lectores.
- Se ocupa de temas prácticos y se mantiene centrada en esos temas.
- Tiene un formato ordenado y está organizada eficientemente.
- Da información correcta.

15.1 Carta comercial

◆ ¿Qué es una carta comercial?

Una carta comercial eficaz tiene lo siguiente.

- Seis partes: el encabezamiento, la dirección, el saludo, el cuerpo, el cierre y la firma.
- Uno de varios formatos aceptados. Cada parte de la carta comienza en el margen izquierdo cuando se usa el formato en bloque. Cuando se usa el formato en bloque modificado, se deja un espacio entre el margen izquierdo y el comienzo del texto en el encabezamiento, el cierre y la firma.
- El lenguaje es formal y cortés, cualquiera sea el contenido de la carta.

Recuerda los diferentes pasos: Antes de escribir, Hacer un borrador, Revisar, Corregir y Publicar.

15.2 Minutas de reuniones

◆ ¿Qué son las minutas de reuniones?

Las minutas de reuniones tienen los siguientes elementos.

- Una lista de las personas presentes, de las ausentes, la fecha y hora de la reunión.
- Una lista y resumen de los temas discutidos y de las decisiones sobre acciones que se deberán tomar sobre esos temas.
- Información que se puede verificar.

Recuerda los diferentes pasos: Antes de escribir, Hacer un borrador, Revisar, Corregir y Publicar

15.3 Formularios y solicitudes

◆ ¿Qué son los formularios comerciales?

Los **formularios** son documentos impresos con espacios en blanco que se deben llenar con información específica. Algunos formularios dan pautas sobre cómo hacerlo; otros dan por entendido que las personas van a leer los rótulos y hacer lo que se acostumbra. Dos formularios comunes en los lugares de trabajo son las *hojas de transmisión de fax* y las *solicitudes de empleo.* Un formulario bien escrito:

- fue llenado completa y precisamente.
- fue escrito en tinta azul o negra.
- contiene sólo la información solicitada.

Solicitud de empleo

Con frecuencia, las compañías piden que se llenen solicitudes de empleo como una manera de reunir información sobre las personas que solicitan trabajo. Los formularios de solicitud de empleo generalmente:

- tienen poco espacio donde escribir. La información se debe escribir en letra de imprenta pequeña y legible.
- tienen rótulos que solicitan cierta información específica. Se debe leer cada rótulo antes de llenar los espacios en blanco.
- permiten, cuando hay varias alternativas, usar una **X** o el signo ✓ para indicar la opción elegida.
- aceptan el uso de abreviaturas.

CAPÍTULO 16

Sustantivos, pronombres y verbos

16.1 Sustantivos

→ Concepto clave

Un **sustantivo** es una palabra que nombra una persona, lugar, cosa o idea.

◆ Sustantivos concretos y abstractos

Los sustantivos concretos nombran lo que se puede ver y reconocer a través de los sentidos. Los sustantivos abstractos nombran ideas, acciones, condiciones y cualidades.

Personas: *citizen* ciudadano, *John* Juan
Lugares: *beach* playa, *Europe* Europa
Cosas: *hand* mano, *tree* árbol
Ideas: *freedom* libertad, *friendship* amistad
Acciones: *punishment* castigo, *treatment* tratamiento
Condiciones: *happiness* felicidad, *sadness* tristeza
Cualidades: *wisdom* sabiduría, *courage* valentía

◆ Sustantivos colectivos

Para nombrar grupos de personas o cosas se usa otro tipo de sustantivos. Éstos son los sustantivos colectivos (por ejemplo, *community* comunidad, *team* equipo, *family* familia).

¡Ojo!
El sustantivo *people*, gente, es plural. Se dice: *people are*.

◆ Sustantivos compuestos

→ Concepto clave

Un **sustantivo compuesto** es un sustantivo formado por dos o más palabras que funcionan como una unidad.

Los sustantivos compuestos se escriben de tres maneras en inglés:

Separados: *fire engine* autobomba, *soap opera* telenovela
Con guión: *son-in-law* yerno, *mother-in-law* suegra
Combinados: *windshield* parabrisas, *overcoat* sobretodo

◆ Sustantivos comunes y propios

➜ Concepto clave

Un **sustantivo común** nombra cualquier lugar o cosa. Un **sustantivo propio** nombra a una persona, lugar o cosa específicos y se escribe siempre con mayúscula.

Sustantivos comunes: *novelist* novelista, *continent* continente
Sustantivos propios: *Ernest Hemingway*, África

Nota: los sustantivos que explican parentesco pueden ser sustantivos comunes o propios.

Sustantivo común: *uncle* tío, *aunt* tía
Sustantivo propio: *Uncle Barry*, tío Barry *Aunt Alice* tía Alicia

<table><tr><td>

¡Recuerda!
Los nombres de los días y los meses se consideran sustantivos propios en inglés.

</td></tr></table>

Practica ✐

1. *Primero en español.*

Lee la lista de sustantivos. Escribe junto a cada uno dos de las categorías a las que pertenece: *abstracto, concreto, colectivo, compuesto, común o propio.*

a. libertad _________ _________

b. Papá _________ _________

c. grupo _________ _________

d. betún _________ _________

e. abrelatas _________ _________

f. diamantes _________ _________

g. hermanas _________ _________

2. *Ahora en inglés.*

Escribe dos sustantivos de cada categoría.

a. abstract _________ _________

b. concrete _________ _________

c. collective _________ _________

d. compound _________ _________

e. proper _________ _________

f. commmon _________ _________

Aplica ✐

3. *Escribe tres oraciones, cada una con los siguientes sustantivos: common, proper, compound, abstract, concrete.*

____

____

____

16. *Pronombres*

→ Concepto clave

Los **pronombres** son palabras que sustituyen o reemplazan a los sustantivos, o a palabras que funcionan como sustantivos.

→ Concepto clave

Los pronombres toman su significado de las palabras que representan. Los **antecedentes** son las palabras que son reemplazadas por los pronombres.

Tom, did you submit your article on Athens?
Tom, ¿entregaste tu artículo sobre Atenas?

◆ Pronombres personales, reflexivos e intensivos

Pronombres personales

→ Concepto clave

Los **pronombres personales** se refieren a 1) la persona que habla; 2) la persona a la que se habla; 3) la persona, lugar o cosa de la que se habla.

> En tu libro de texto en inglés aparece una lista de los pronombres personales.

Pronombres reflexivos e intensivos Los pronombres que terminan en *-self* o *-selves* son pronombres reflexivos o pronombres intensivos.

→ Concepto clave

Un **pronombre reflexivo** Se refiere a un sustantivo o pronombre que aparece antes en la oración. No se puede eliminar sin cambiar el significado de la oración.

Un **pronombre intensivo** simplemente añade énfasis a un sustantivo o pronombre en la misma oración. Si se elimina de la oración, ésta no cambia de significado.

◆ Pronombres demostrativos, relativos e interrogativos

> En tu libro de texto en inglés aparece una tabla con los pronombres demostrativos, relativos e interrogativos.

→ Concepto clave

Los **pronombres demostrativos** dirigen la atención a personas, lugares o cosas específicas.

→ Concepto clave

Un **pronombre relativo** comienza una cláusula subordinada y la conecta con el resto de la oración.

Un **pronombre interrogativo** se usa para empezar una oración. Los pronombres interrogativos no siempre tienen antecedentes específicos.

◆ Pronombres indefinidos

→ **Concepto clave**

Los **pronombres indefinidos** se refieren a personas, lugares o cosas, frecuentemente sin especificar cuáles.

Además de funcionar como pronombres, los pronombres indefinidos también pueden cumplir la función de adjetivos.

Practica ✍

Identifica los pronombres y sus antecedentes. Si el pronombre no tiene antecedente, escribe **none***.*

a. Martha, who is in Greece, is my best friend. _______________

b. She is very happy in that country. _______________

c. She is one of those persons who is interested in everything. _______________

d. Nobody enjoys trips as much as she does. _______________

e. She always makes sure to enjoy herself. _______________

16.3 *Verbos de acción y verbos de enlace*

→ **Concepto clave**

Un **verbo** es una palabra que muestra una acción, una condición o la existencia de algo en el tiempo.

→ **Concepto clave**

Un **verbo de acción** es un verbo que dice qué acción está realizando, ha realizado o realizará alguien o algo.

◆ Verbos transitivos e intransitivos

→ **Concepto clave**

Un **verbo transitivo** tiene un complemento directo. Un **verbo intransitivo** no dirige su acción a un complemento.

Los verbos intransitivos no tienen complemento directo. La acción no se dirige a ningún sustantivo o pronombre en la oración.

La mayoría de los verbos de acción puede ser transitivos o intransitivos, dependiendo de su uso en la oración.

Para determinar si un verbo es transitivo pregunta *whom?* ¿a quién? o *what?* ¿qué? después del verbo. Si puedes encontrar una respuesta en la oración, el verbo es transitivo.

> **¡Recuerda!**
> La palabra que recibe la acción de un verbo transitivo se llama complemento directo del verbo.

◆ Verbos de enlace

Los verbos de enlace enlazan o unen a dos o más palabras en
una oración.

En tu libro de texto en inglés aparece una tabla con los verbos
de enlace.

→ Concepto clave

Un **verbo de enlace** es un verbo que conecta a una o más
palabras cerca del comienzo de la oración con una o más
palabras cerca del final.

¿Verbo de acción o verbo de enlace?

→ Concepto clave

Para saber si un verbo es de enlace, mira si puedes sustituirlo
con *am*, *are* o *is*.

16.4 Frases verbales

→ Concepto clave

Una **frase verbal** está formada por un verbo principal y uno o
más verbos auxiliares, llamados *helping verbs* en inglés como:

should debe *can* puede *must* debe

Practica ✍

**1. Subraya los verbos en las siguientes oraciones. Luego escribe de qué tipo de verbo se
trata: transitive, intransitive, linking verb o helping verb.**

a. We can always go there. __________

b. Several groups of Native Americans live in New Mexico. __________

c. The breezes of Albuquerque feel cool. __________

d. Several indigenous foods appear on the menu of that restaurant. __________

e. What is the capital of New Mexico? __________

Aplica ✍

2. Escribe tres oraciones usando un verbo transitivo, intransitivo y un verbo de enlace.

____

____

____

¡Atención!
El verbo de enlace más
común es el verbo *be*,
que tiene muchas
formas diferentes: *am,
is, are, was, were,
being, been*.

¡Ojo!
Recuerda que el verbo
be también puede ser el
verbo principal de una
oración.

CAPÍTULO 17

Adjetivos y adverbios

17.1 Adjetivos

➜ Concepto clave

Un **adjetivo** es una palabra que se usa para describir un
sustantivo o pronombre o para dar a un sustantivo o un
pronombre un significado más específico.

Los adjetivos modifican a los sustantivos o pronombres.
Modificar significa cambiar algo un poco.

➜ Concepto clave

Los adjetivos contestan a la pregunta *what kind? which one? how
many?* o *how much?* (¿qué clase? ¿cuál? ¿cuántos? o ¿cuánto?)
sobre los sustantivos o pronombres a los que modifican.

> En tu libro de texto en inglés aparece una tabla con las
> preguntas que contestan los adjetivos.

➜ Concepto clave

Dos o más adjetivos pueden modificar una sola palabra.

Nota: Los tres adjetivos —*a, an* y *the*— son artículos. *The* es un
artículo definido porque se refiere a un sustantivo específico. *A* y
an son artículos indefinidos porque se refieren a alguno de una
clase de sustantivos.

◆ Sustantivos usados como adjetivos

Muchos sustantivos se pueden usar como adjetivos. Se
convierten en adjetivos cuando modifican a otros sustantivos y
responden a una de dos preguntas sobre los sustantivos a los
que están modificando.

➜ Concepto clave

Un sustantivo usado como adjetivo contesta a una de las preguntas
what kind? o *which one?* sobre un sustantivo que lo sigue.

pineapple piña   pineapple juice *jugo de piña* (What kind?)
summer verano   *summer clothes* ropa de verano (*Which clothes?*)

¡Compara!

En inglés, cuando hay dos sustantivos que se siguen el uno al
otro, el primero se usa como adjetivo. En español se emplea la
preposición "de" entre los dos sustantivos.

¿Sabías que...
aunque se comprenda
"jugo de piña" traducido
literalmente como *juice
of pineapple*, no se dice
así en inglés?

© Prentice Hall, Inc.

Practica ✍

1. *Primero en español.*

Traduce las siguientes frases al inglés.

a. cardenal rojo _____________________

b. buitres negros _____________________

c. búhos misteriosos _____________________

d. colibrí pequeño _____________________

e. pájaros de verano _____________________

2. *Ahora en inglés.*

Traduce las siguientes frases al español.

a. my sparrows _____________________

b. this falcon _____________________

c. winter plumage _____________________

d. innocent chicks _____________________

e. tropical birds _____________________

f. American eagle _____________________

Aplica ✍

3. *Ahora escribe tres oraciones completas, usa adjetivos diferentes en cada una de ellas.*

____

____

____

◆ Adjetivos propios y compuestos

Adjetivos propios A veces, los sustantivos propios se usan como adjetivos o cambian su forma para convertirse en adjetivos.

➜ Concepto clave

Un **adjetivo propio** es un sustantivo propio que se usa como un adjetivo o un adjetivo que se forma a partir de un sustantivo propio.

> En tu libro de texto en inglés aparece una tabla con adjetivos propios

¡Ojo!
Los adjetivos propios en inglés se escriben con mayúscula.

➜ Concepto clave

Un **adjetivo compuesto** es un adjetivo que está formado por más de una palabra.

> En tu libro de texto en inglés aparece una tabla con adjetivos compuestos.

Practica ✍

1. *Escribe las frases de nuevo, usando un adjetivo propio o compuesto delante del sustantivo. (ejemplo: a tenor from Italy → an Italian tenor)*

a. fishing in the deep sea ____

b. sale on a sidewalk ____

c. nation in Europe ____

d. country in South America ____

e. poet from England ____

f. pool with salt water ____

g. seat in the front row ____

Aplica ✍

2. *Escribe tres oraciones acerca de un lugar interesante. Subraya los adjetivos que uses.*

____

____

____

◆ Pronombres usados como adjetivos

→ Concepto clave

Un pronombre funciona como un adjetivo si modifica a un sustantivo.

> En tu libro de texto en inglés aparecen unas tablas con los adjetivos demostrativos, interrogativos e indefinidos.

¡Recuerda!
Si el pronombre va seguido de un sustantivo es un adjetivo.

Verbos usados como adjetivos

→ Concepto clave

Algunas formas verbales, especialmente las que terminan en *-ing* o *-ed*, funcionan como adjetivos cuando modifican a un sustantivo.

> En tu libro de texto en inglés aparece una tabla con verbos empleados como adjetivos.

¡Compara!

En inglés, los verbos se pueden usar como adjetivos sin cambiar de forma. En español hay una diferencia entre la forma del verbo y del adjetivo: el hielo se derritió, el hielo derretido; *the ice melted, the melted ice.*

17.2 *Adverbios*

→ Concepto clave

Un **adverbio** es una palabra que modifica a un verbo, a un adjetivo o a otro adverbio.

→ Concepto clave

Un adverbio contesta una de cuatro preguntas sobre la palabra que modifica: *where? when? in what way?* y *to what extent?* (¿dónde? ¿cuándo? ¿de qué manera? y ¿en qué medida?)

> En tu libro de texto en inglés aparece una tabla con adverbios.

◆ Sustantivos usados como adverbios

→ Concepto clave

Los sustantivos usados como adverbios contestan las preguntas *where?* o *when?* sobre un verbo.

Algunos de los sustantivos que se pueden usar como adverbios son *home, yesterday* y *today* (casa, ayer y hoy).

> En tu libro de texto en inglés aparece una tabla con sustantivos usados como adverbios.

¿Adjetivo o adverbio?

A veces, la misma palabra puede usarse como adverbio o adjetivo.

→ Concepto clave

Recuerda que un adverbio modifica a un verbo, a un adjetivo o a otro adverbio. Un adjetivo modifica a un sustantivo o a un pronombre.

Muchos adverbios, se forman agregando la terminación *-ly* a un adjetivo.

honest response	respuesta <u>honesta</u>
responded <u>honestly</u>	respondió <u>honestamente</u>

¡Compara!

En español se forma el adverbio con la terminación -mente y la forma femenina del adjetivo. En inglés, se agrega la terminación *-ly* al adjetivo.

¡Atención!
Un adverbio puede aparecer antes o después del verbo o la frase verbal. Con frecuencia, aparece dentro de la frase verbal.

¡Ojo!
Unas cuantas palabras que terminan en *-ly* son adjetivos.

Practica ✐

1. *Primero en español.*

Escribe si se trata de un adjetivo interrogativo, un adjetivo indefinido o un adverbio.

a. cuál __________

b. la mayoría __________

c. algunos __________

d. lentamente __________

e. bien __________

f. bueno __________

2. *Ahora bueno en inglés.*

Traduce las siguientes expresiones al inglés.

a. recién nacido ___________________ ___________________

b. hablaba rápido ___________________ ___________________

c. trabajas lentamente ___________________ ___________________

d. bien hechos ___________________ ___________________

3. *Escribe de qué tipo de adjetivo se trata:* **possessive, demonstrative, interrogative o indefinite.**

a. my __________

b. these __________

c. that __________

d. another __________

e. few __________

f. some __________

g. whose __________

Aplica ✐

4. *Usa los adjetivos de la sección anterior y escribe tres oraciones.*

____

____

____

CAPÍTULO 18

Preposiciones, conjunciones e interjecciones

Las preposiciones, las conjunciones y las interjecciones añaden significados a las oraciones.

18.1 Preposiciones

➜ Concepto clave

Una **preposición** es una palabra que relaciona un sustantivo o pronombre con otra palabra de la oración.

➜ Concepto clave

Las preposiciones afectan la manera en que se relacionan las otras palabras de una oración. Hay muchas palabras que se usan frecuentemente como preposiciones.

> En tu libro de texto en inglés aparecen las tablas con las preposiciones.

¡Compara!

Tres de las preposiciones en inglés, *according to* (según), *like* (como) y *between, among* (entre) se usan con el pronombre complemento. En español toman el pronombre sujeto: como tú, entre él y yo, según yo se dicen en inglés *like me, between him and me, according to me.*

◆ **Frases preposicionales**

➜ Concepto clave

Una **frase preposicional** es un grupo de palabras con una preposición y un sustantivo o pronombre, llamado complemento de la preposición: *for you,* para ti.

◆ **¿Preposición o adverbio?**

Muchas de las palabras que se pueden usar como preposiciones también se pueden usar como adverbios.

➜ Concepto clave

Las preposiciones siempre tienen complementos; los adverbios no.

¡Recuerda!
Una preposición puede cambiar completamente el significado de una oración.

¡Recuerda!
Si una palabra que se puede usar como preposición o como adverbio tiene un complemento, la palabra es una preposición.

18.2 Conjunciones e interjecciones

Las conjunciones se usan mucho más que las interjecciones.

Diferentes tipos de conjunciones

A diferencia de las preposiciones que muestran relaciones entre palabras, las conjunciones hacen conexiones directas entre palabras.

→ Concepto clave

Una **conjunción** es una palabra que se usa para conectar palabras o grupos de palabras.

> En tu libro de texto en inglés aparecen unas tablas con conjunciones.

Hay tres tipos principales de conjunciones: las conjunciones coordinativas, las conjunciones correlativas y las conjunciones de subordinación.

◆ ¿Conjunción, preposición o adverbio?

La función de ciertas palabras como *after*, *before*, *when* y *where* depende de su uso dentro de una oración.

→ Concepto clave

Las **conjunciones de subordinación** conectan ideas completas.

◆ Adverbios conjuntivos

Algunas palabras pueden ser conjunciones y adverbios al mismo tiempo. Estas palabras se llaman adverbios conjuntivos.

→ Concepto clave

Un **adverbio conjuntivo** es un adverbio que funciona como una conjunción para conectar ideas completas.

> En tu libro de texto en inglés aparece una tabla con los adverbios conjuntivos más frecuentes.

◆ Interjecciones

Las interjecciones se usan principalmente al hablar.

→ Concepto clave

Una **interjección** es una palabra que expresa sentimiento o emoción y que funciona independientemente de la oración.

Muchos sentimientos y emociones se pueden expresar por medio de interjecciones, como *ah*, *hey*, *oh*, *ouch*, *huh*, *well* o *wow*.

> **¡Recuerda!**
> Las conjunciones son palabras invariables.

Practica ✍

1. *Subraya la palabra que mejor complete la oración.*

a. The museum is (next / near) to the park.

b. The squirrel climbed (under / up) the tree.

c. The fountains are illuminated, (upon / except for) Saturdays.

d. Central Park has been opened (since / from) 1859.

e. Forest Park is found (in / on) Springfield, Massachusetts.

f. The Willows is a park (like / but) no other.

g. We played frisbee (toward / on) the commons.

2. *Identifica las palabras subrayadas. Escribe:* conjunction, preposition, *o* adverb *en el espacio en blanco.*

a. We'll go to the park <u>before</u> it gets cold. ___________

b. Have you seen this park <u>before</u>? ___________

c. We have the whole day <u>before</u> us. ___________

d. We'll wait <u>until</u> dawn. ___________

e. I've loved it ever <u>since</u>. ___________

f. <u>When</u> setting up a tent in a park, ask permission! ___________

g. We go to the park <u>unless</u> it is dark. ___________

Aplica ✍

3. *Escribe un párrafo acerca de tu lugar favorito. Subraya las conjunciones, preposiciones o adverbios que hayas usado.*

____

____

____

CAPÍTULO 19

Partes básicas de la oración
Sujetos y predicados

Saber cómo funcionan las partes básicas de la oración te permitirá comunicar mejor tus ideas.

19.1 *Sujetos y predicados completos*

→ Concepto clave

Una **oración** es un grupo de palabras que expresa un pensamiento completo. Tiene dos partes principales: un sujeto completo y un predicado completo.

El sujeto completo incluye un sustantivo o pronombre que nombra a la persona, lugar o cosa de la que trata la oración. El predicado completo incluye un verbo o frase verbal que dice algo sobre el sujeto completo.

Tanto el sujeto como el predicado completo pueden tener sólo una palabra (un sustantivo o pronombre). Sin embargo, frecuentemente tanto el sujeto como el predicado están formados por varias palabras.

Sujeto completo	Predicado completo
They	*were celebrating on the streets.*
Ellos	estaban celebrando en las calles.

◆ Sujetos y predicados simples

→ Concepto clave

El **sujeto simple** es el sustantivo o frase nominal que no puede eliminarse del sujeto completo. El **predicado simple** es el verbo o frase verbal esencial.

◆ Sujetos y verbos compuestos

Sujetos compuestos El sujeto completo de una oración puede tener dos o más sujetos.

→ Concepto clave

Un **sujeto compuesto** está formado por dos o más sujetos que tienen el mismo verbo y que están unidos por una conjunción como *and* o *or*.

Clowns, balloons, pony rides, and pop corn were offered at the carnival.
Había payasos, globos, caballitos y palomitas de maíz en el carnaval.

Verbos compuestos Las oraciones pueden tener dos o más verbos en el predicado completo.

¡Ojo!
Cuando escribes, debes usar oraciones completas para expresar tus ideas.

¿Sabías que...
para identificar el sujeto de una oración, puedes preguntar: *¿Quién hizo la acción? ¿Qué hizo el sujeto?*

Un **verbo compuesto** está formado por dos o más verbos que tienen el mismo sujeto unidos por *and* o *or*.

The star signed autograph books, smiled at her fans, and then departed in a limousine.

La estrella firmó libros de autógrafos, les sonrió a sus admiradores y se fue en una limusina.

Practica

1. *Primero en español*

Subraya una vez el sujeto completo y dos veces el predicado completo.

a. Los caballeros andantes extisten en la literatura.

b. Don Quijote de la Mancha es una novela de Cervantes.

c. El famoso castillo está en la región de Castilla la Vieja.

d. ¿Cuándo visitaste la Alhambra?

e. Los nuevos reyes construyeron rápidamente los castillos.

2. *Ahora en inglés*

Subraya una vez el sujeto completo y dos veces el predicado completo.

a. Do knights still exist?

b. Was Camelot a real place?

c. Merlin and King Arthur knew Sir Lancelot.

d. They all sat at the Round Table.

e. The Lady of the Lake helped the knights win battles.

Aplica

3. *Escribe tres oraciones completas. Luego señala los sujetos (compuestos o simples) con un subrayado y el predicado con doble subrayado.*

____

____

____

19.2 *Sujetos difíciles de identificar*

◆ Sujetos en órdenes e instrucciones

➜ Concepto clave

En oraciones que dan órdenes o indicaciones, con frecuencia se sobreentiende el sujeto *you* (tú).

◆ Sujetos en oraciones inversas

➜ Concepto clave

En las preguntas, el sujeto viene frecuentemente después del verbo.

Para identificar al sujeto de una oración inversa, formula mentalmente la pregunta como una declaración. De esta manera, el sujeto y el verbo aparecerán en el orden usual.

Are we ready?	*We are ready.*
¿Estamos listos?	Estamos listos.

Nota: En inglés no todas las preguntas son oraciones inversas. Las oraciones que comienzan con un adjetivo o pronombre interrogativo pueden seguir el orden de sujeto y verbo.

Oraciones que comienzan con *there* o *here* Las oraciones inversas frecuentemente comienzan con las palabras *there* o *here*. En los casos en que no hay inversión, las palabras *there* o *here* generalmente indican una ubicación específica.

> En tu libro de texto en inglés aparece una tabla con los usos de *here* y *there*.

◆ Orden inverso variedad

➜ Concepto clave

En algunas oraciones, el sujeto se coloca después del verbo para dar más énfasis al sujeto y variedad a la oración.

> En tu libro de texto en inglés aparece una tabla con oraciones inversas.

19.3 Complementos directos, complementos indirectos y complementos del complemento directo

→ Concepto clave

Un **complemento** es un grupo de palabras que completan el significado del predicado de una oración.

◆ Complemento directo

→ Concepto clave

Un **complemento directo** es un sustantivo o pronombre que recibe la acción de un verbo de acción transitivo.

Para identificar a un complemento directo, haz las preguntas *whom?* o *what?* después de un verbo de acción.

A blanket of snow covered the <u>pagoda</u>.
Un manto de nieve cubría la pagoda.

Los complementos directos en preguntas Puedes identificar al complemento directo si ordenas la oración en forma declarativa y haces las preguntas *whom?* o *what?* después de un verbo de acción.

Complementos directos compuestos Cuando un verbo de acción dirige su acción hacia más de un complemento directo, el complemento directo es compuesto. En este caso, las preguntas *whom?* o *what?* van a tener más de una respuesta.

The tourists visited Japanese <u>temples</u> and <u>shrines</u>.
Los turistas visitaron templos y santuarios japoneses.

¿Complemento directo o complemento de preposición? El sustantivo o pronombre al final de una frase preposicional nunca es el complemento directo. No confundas las dos partes de la oración.

I photographed the woman <u>with the children</u>.
Fotografié a la mujer con los niños.

¡Recuerda!
Sólo los verbos transitivos dirigen su acción hacia alguien o algo: el complemento directo.

19.4 Complementos del sujeto

→ Concepto clave

Un **complemento del sujeto** es un nombre, pronombre o adjetivo que aparece con un verbo de enlace y dice algo acerca del sujeto de la oración.

◆ El predicado nominal

→ Concepto clave

Un **predicado nominal** es un sustantivo o pronombre que aparece tras un verbo de enlace y que nombra, identifica o explica al sujeto de la oración.

The painting is a <u>masterpiece</u>.
La pintura es una obra de arte.

◆ El predicado adjetivo

➜ Concepto clave

Un predicado adjetivo es un adjetivo que aparece tras un verbo
de enlace y que describe al sujeto de la oración.

The trip will be fun.
El viaje será divertido.

Practica ✍

1. *Primero en español*

Identifica lo subrayado como parte de una de las siguientes categorías: complemento directo,
complemento indirecto, frase preposicional, complemento sujeto o complemento del
complemento directo. (El doble subrayado significa un cambio de categoría.)

a. Marco le compró algo a María. ___________ ___________

b. Visitaron Tokio y otras ciudades. ___________

c. El guía les enseñó varios templos. ___________ ___________

d. Vieron el Pavellón Dorado. ___________

e. Nos regalaron ropa típica de la región. ___________ ___________

f. El Japón es una nación rica. ___________

2. *Ahora en inglés*

Identifica lo subrayado como parte de una de las siguientes categorías: *direct complement,
indirect complement, prepositional phrase, subject complement or object complement.* (El doble
subrayado significa un cambio de categoría.)

a. The Empress of Japan is frail. ___________

b. She gave her subjects advice. ___________ ___________

c. The prime minister is the head of state. ___________

d. They call Japan their homeland. ___________ ___________

e. Japan is a group of islands. ___________ ___________

f. I showed my friends pictures of my trip to Japan. ___________ ___________ ___________
____

Aplica ✍

3. *Escribe un párrafo acerca de un paseo que hayas hecho recientemente.*

____

____

____

Frases y cláusulas

Una **frase** es un grupo de palabras, sin sujeto y sin verbo, que funciona como parte de una oración. Una **cláusula** es un grupo de palabras con su propio sujeto y verbo.

20.1 Frases

Hay varias clases de frases, entre ellas (1) las frases preposicionales, (2) frases apositivas, (3) frases con participios, (4) frases con gerundios, (5) frases adjetivadas y (6) frases con infinitivos.

◆ Frases preposicionales

➜ Concepto clave

Una **frase preposicional** es un grupo de palabras con una preposición y un sustantivo o pronombre, llamado complemento de la preposición.

over their heads   por encima de sus cabezas

¿Sabías que...
a veces, una sola frase preposicional puede tener dos o más complementos unidos por una conjunción?

◆ Frases adjetivas

➜ Concepto clave

Una **frase adjetiva** es una frase preposicional que modifica a un sustantivo o pronombre.

   Una oración puede tener dos o más frases adjetivas. Cada frase puede modificar a la frase que la precede.

A French painting of great beauty hung in the palace.
Un cuadro francés de gran belleza estaba en el palacio.

◆ Frases adverbiales

➜ Concepto clave

Una **frase adverbial** es una frase preposicional que modifica un verbo, un adjetivo o un adverbio.

She ran with speed.   Corrió con velocidad.

¡Ojo!
A diferencia de las frases adjetivas, una frase adverbial puede estar en cualquier parte de una oración.

◆ Aposiciones y frases apositivas

◆ Aposiciones

➜ Concepto clave

Una **aposición** es un sustantivo o pronombre colocado junto a
otro sustantivo o pronombre para identificarlo, volverlo a nombrar
o explicarlo.

Her greatest attribute, <u>charm</u>, was not enough.
Su cualidad más grande, el encanto, no fue suficiente.

◆ Frases apositivas

Cuando una aposición está acompañada por sus propios
modificadores (adjetivos o frases adjetivadas), se llama frase
apositiva.

➜ Concepto clave

Una **frase apositiva** es un sustantivo o pronombre con
modificadores, colocado junto a un sustantivo o pronombre para
agregar información o detalles.

> En tu libro de texto en inglés aparece una tabla con frases
> apositivas.

Cuando las aposiciones o frases apositivas se usan para
combinar oraciones, ayudan a eliminar palabras innecesarias.

◆ Frases verbales

Cuando un verbo se usa como sustantivo, adjetivo o adverbio, se
llama "verboide", *verbal* en inglés. Un verboide con modificadores
o con un complemento es una frase verbal.

◆ Participios

➜ Concepto clave

Un **participio** es una forma verbal que puede funcionar como
adjetivo.

Los tipos de participios más comunes son los participios
presentes (en inglés, *present participles*) y los participios pasados
(en inglés, *past participles*). Los puedes diferenciar por sus
terminaciones.

Los participios presentes terminan en *-ing* (*frightening*,
alarmante). Los participios pasados generalmente terminan en
-ed (*frightened*, alarmado), pero muchos tienen terminaciones
irregulares como *-t* o *-en* (*burst*, reventado; *written*, escrito).

Los participios responden a la preguntas *what kind?* o *which
one?* sobre los sustantivos o pronombres a los que modifican.

¿Verbo o participio?

Es fácil confundir a un participio que actúa como parte de una
frase verbal con un participio que funciona como adjetivo porque
los dos terminan en *-ing* o en *-ed*.

¡Atención!
Se usan comas para
separar los apositivos
del resto de las
palabras de la oración.

➜ Concepto clave

Un **verbo** muestra una acción, condición o la existencia de algo.
Un **participio** con función de adjetivo modifica un sustantivo o
un pronombre.

> En tu libro de texto en inglés aparece una tabla que compara
> verbos y participios.

¡Compara!

En inglés el pasado y el participio pasado de los verbos terminan
en *-ed*. Aunque tengan la misma forma, cumplen dos funciones
diferentes.

The ice in the Pyrenees melted.
Se derritió el hielo de los Pirineos.

The melted ice flooded the town.
El hielo derretido inundó el pueblo.

En español, cada función tiene su propia forma.

◆ Frases con participios

➜ Concepto clave

Una **frase con participio** es un participio modificado por un
adverbio o una frase verbal o que está acompañada por un
complemento. Toda la frase funciona como adjetivo.

Traveling quickly, we saw much of the French countryside.
Como viajamos rápidamente, vimos mucho del campo francés.

Las frases con participios pueden, o no, estar separadas del
resto de la oración por comas.

➜ Concepto clave

Las frases con participios se usan con frecuencia para combinar
dos oraciones en una.

¡Recuerda!
Los elementos esenciales para el significado de la oración no están separados por comas.

Practica ✍

1. *Escoge la expresión que mejor complete las siguientes oraciones.*

A. Renaissance poet
B. <u>The Count of Monte Cristo</u>
C. attention to culture
D. Pierre de Ronsard
E. the taking of the Bastille prison

a. Louise Labé, ______________, wrote several love sonnets.

b. The poet ____________ is among the best known of his generation.

c. A feature of the French educational system is ____________, revered world-wide.

d. The start of the French Revolution, ____________, occurred July 14, 1789.

e. His novel, ____________, is his most famous work.

2. *Subraya la palabra que mejor complete la oración.*

a. France likes to (diversify / diversifying / diversified) its economy.

b. The (vote / voting / voted) public was assured of both candidates' promises.

c. The people were (tax / taxing / taxed) beyond what was considered reasonable.

d. The (arm / arming / armed) citizens aided in the revolution.

e. France currently (cultivates / cultivating / cultivated) her arts and letters.

Aplica ✍

3. *Escribe tres oraciones con una frase preposicional, una frase apositiva y una frase con participio.*

____

____

____

◆ Gerundios

Muchos sustantivos que terminan en *-ing* son verboides llamados gerundios. Los podrás reconocer fácilmente si recuerdas que siempre terminan en *-ing* y que siempre funcionan como sustantivos.

➜ Concepto clave

Un **gerundio** es una forma verbal que funciona como un sustantivo.

◆ ¿Verbo, participio o gerundio?

➜ Concepto clave

Las palabras que terminan en *-ing* y que funcionan como sustantivos son gerundios. No tienen verbos auxiliares como los verbos que terminan en *-ing* ni tampoco funcionan como adjetivos, como lo hacen los participios.

> **¿Sabías que...**
> los gerundios con función de sustantivo pueden ser parte de sujetos, complementos directos, complementos indirectos, predicados nominales, complementos de preposición o apositivos?

◆ Frases con gerundios

→ Concepto clave

Una **frase con gerundio** es un gerundio con modificadores o con
un complemento. La frase funciona como un sustantivo.

En tu libro de texto en inglés aparece una tabla con frases con
gerundios.

Usa siempre la forma posesiva de un pronombre personal
delante de un gerundio.

Her crying was annoying. Su llanto era molesto.

Infinitivos

→ Concepto clave

Un **infinitivo** es una forma verbal que generalmente aparece con
la palabra *to* y que actúa como un sustantivo, un adjetivo o un
adverbio.

En tu libro de texto en inglés aparece una tabla con los infinitivos
usados como sustantivos y modificadores.

Cuando los infinitivos cumplen la función de sustantivos
pueden actuar como sujetos, complementos directos, predicados
nominales, complementos de preposición y apositivos en las
oraciones.

A diferencia de los gerundios, los infinitivos también pueden
funcionar como adjetivos y adverbios.

◆ ¿Frase preposicional o infinitivo?

→ Concepto clave

Una frase preposicional siempre termina con un sustantivo o un
pronombre. Un infinitivo siempre termina con un verbo.
Compara los siguientes ejemplos.

He listened to the <u>command</u>. Escuchó la orden
His job is <u>to command</u>. Su trabajo es mandar.

¡Compara!

Donde en español hay un infinitivo o un sustantivo (por ejemplo,
después de "gustar"), en inglés se usa el gerundio.

I like eating. Me gusta comer.
We study singing. Estudiamos canto.

¡Ojo!
En algunas ocasiones
los infinitivos no
incluyen la palabra *to*.

◆ Frases con infinitivos

→ Concepto clave

Una **frase con infinitivo** es un infinitivo con modificadores,
complementos o un sujeto. Funcionan juntos como una parte de
la oración.

> En tu libro de texto en inglés aparece una tabla con frases con
> infinitivos.

20.2 *Cláusulas*

Todas las cláusulas tienen un sujeto y un verbo. Sin embargo,
no todas las cláusulas pueden funcionar independientemente y
expresar una idea completa.

→ Concepto clave

Una **cláusula** es un grupo de palabras con su propio sujeto y
verbo.

◆ Cláusulas independientes y subordinadas

→ Concepto clave

Una **cláusula independiente** puede constituir una oración
completa.

Las cláusulas independientes se pueden usar solas, con otra
cláusula independiente y con una cláusula subordinada.

That woman teaches Latin.   Esa mujer enseña latín.

→ Concepto clave

Una **cláusula subordinada**, si bien tiene un sujeto y un verbo,
no es una oración completa y sólo puede ser parte de una
oración.

The woman <u>to whom I introduced you</u> teaches Latin.
Esa mujer a quien te presenté enseña latín.

Igual que las frases, las cláusulas subordinadas pueden
funcionar como adjetivos, adverbios o sustantivos en una oración.

◆ Cláusulas adjetivas

→ Concepto clave

Una **cláusula adjetiva** es una cláusula subordinada que
modifica un sustantivo o un pronombre.

> En tu libro de texto en inglés aparece una tabla con cláusulas
> adjetivas y otra con cláusulas necesarias y no necesarias.

→ Concepto clave

Una **cláusula adjetiva** comienza con un pronombre relativo o un
adverbio relativo. Para identificar las cláusulas adjetivas puedes
preguntar *what kind?* o *which one?*

¡Recuerda!
Una oración es un
grupo de palabras con
un sujeto y un
predicado que expresa
una idea completa.

◆ Pronombres relativos

→ Concepto clave

Los **pronombres relativos** conectan cláusulas adjetivas con las
palabras a las que modifican. Actúan dentro de las cláusulas
como sujetos, complementos directos, complementos de
preposición o adjetivos.

> En tu libro de texto en inglés aparece una tabla con las funciones
> de los pronombres relativos.

A veces, al escribir y al hablar, se omite el pronombre relativo
de una cláusula. La palabra que falta, o palabra implícita, se
sobreentiende y sigue funcionando en la oración.

◆ Adverbios relativos

→ Concepto clave

Los **adverbios relativos** conectan las cláusulas adjetivas a las
palabras que éstas modifican y actúan como adverbios dentro de
las cláusulas.

> En tu libro de texto en inglés aparece una tabla con los
> adverbios relativos en cláusulas.

◆ Cláusulas adverbiales

→ Concepto clave

Las **cláusulas adverbiales** modifican verbos, adjetivos, adverbios
o verboides.

→ Concepto clave

Todas las cláusulas adverbiales comienzan con conjunciones de
subordinación.

> En tu libro de texto en inglés aparece una tabla con las
> conjunciones de subordinación y otra con cláusulas adverbiales.

La posición de una cláusula adverbial, al principio, en medio o
al final de una oración, puede cambiar el significado de la misma.
Al igual que las cláusulas adjetivas, las cláusulas adverbiales
se pueden usar para combinar oraciones.

◆ Cláusulas adverbiales elípticas

➜ Concepto clave

Una **cláusula elíptica** es una cláusula en la que el verbo o el sujeto no está expresado, pero está sobreentendido y cumple su función para expresar un pensamiento completo.

She resembles their father more than he (does).
Ella se parece más a su padre que él (se parece).

◆ Cláusulas nominales

➜ Concepto clave

Una **cláusula nominal** es una cláusula subordinada que funciona como un sustantivo.

Una cláusula nominal actúa de la misma manera que un sustantivo dentro de una oración.

◆ Palabras de introducción

➜ Concepto clave

Las **palabras de introducción** pueden funcionar como sujetos, complementos directos, complementos de preposiciones, adjetivos o adverbios en las cláusulas nominales. A veces su función es simplemente comenzar las cláusulas.

La mayoría de las palabras que comienzan las cláusulas nominales también pueden introducir cláusulas adjetivas o adverbiales. La palabra de introducción *that* con frecuencia se omite en las cláusulas nominales.

En tu libro de texto en inglés aparece una tabla con cláusulas nominales.

Practica ✍

1. Subraya la palabra que mejor complete la oración.

a. (Whose / Who's / Why) statue is that?

b. Caesar knew (that / who / whom) Agrippa was.

c. Do you understand (why / although / during) the Roman Empire fell?

d. Roman food made (eating / to eat / ate) a pleasure.

e. Their favorite pastime was (hunting / hunt / hunted).

f. The Greeks, (which / that / who) had an influence on the Romans, had advanced arqueological techniques.

Aplica ✍

2. Escribe un párrafo acerca de los griegos o los romanos. Usa oraciones completas con: that, which, during, while, after, whatever.

____

____

____

CAPÍTULO 21

Oraciones bien escritas

21.1 Las cuatro funciones de la oración

➜ Concepto clave

Una **oración declarativa** expresa una idea y termina con un **punto [.]**.

➜ Concepto clave

Una **oración interrogativa** hace una pregunta y termina con un **signo de interrogación [?]**.

➜ Concepto clave

Una **oración imperativa** es la que da una orden o una instrucción.

➜ Concepto clave

Una **oración exclamativa** expresa una emoción fuerte. Termina con un punto o con un signo de exclamación, a veces llamado **signo de admiración [!]**.

21.2 Combinar oraciones

Una manera de lograr un escrito fluido e interesante es emplear distintos tipos de oraciones. Una forma de hacerlo es combinando oraciones, para expresar dos o más ideas relacionadas en una sola oración.

Las oraciones se pueden combinar:

* por medio de un sujeto compuesto, un verbo compuesto o un complemento compuesto.
* uniendo dos o más cláusulas independientes para formar una oración compuesta.
* convirtiendo una de ellas en una cláusula subordinada.

Usa oraciones compuestas cuando quieras combinar oraciones para mostrar la relación entre ideas.

* convirtiendo una de ellas en una frase.

¡Recuerda!
La mayoría de las oraciones imperativas comienzan con un verbo. En este tipo de oraciones el sujeto *you* (tú) está sobreentendido.

¡Recuerda!
Convierte una oración a una frase cuando una de las oraciones que estás combinando sólo añade detalles.

21.3 *Variar las oraciones*

◆ Varía el largo de las oraciones

Cuando quieras enfatizar un punto o sorprender al lector,
escribe una oración corta y directa para interrumpir el flujo de
las oraciones largas.

◆ Varía los comienzos de oraciones y sus estructuras

Otra manera de lograr variedad en tus oraciones es no empezar
todas las oraciones de la misma manera.

21.4 *Evitar los errores*

◆ Reconocer fragmentos

Algunos grupos de palabras, si bien comienzan con mayúscula y
terminan con un punto, no son oraciones completas. Son
fragmentos.

> En tu libro de texto en inglés aparece una tabla con fragmentos
> y oraciones completas.

→ Concepto clave

Un **fragmento** es un grupo de palabras que no expresa un
pensamiento completo, pero tiene la puntuación de una oración
completa.

Un fragmento es sólo parte de una oración. Una oración
siempre tiene un sujeto y un verbo. Un fragmento no tiene
alguno de estos dos elementos.

◆ Corregir fragmentos de frases

Una frase sola es un fragmento. No puede aparecer sola ya que
no tiene ni sujeto ni verbo.

→ Concepto clave

Una frase no debe empezar con mayúscula ni llevar la
puntuación de una oración completa.

> En tu libro de texto en inglés aparece una tabla con fragmentos
> corregidos.

¿Sabías que... una estrategia para reconocer fragmentos es leer las palabras en voz alta?

◆ Corregir fragmentos de cláusulas

Todas las cláusulas tienen sujetos y verbos, pero algunas no pueden funcionar independientemente como oraciones.

→ Concepto clave

Una cláusula subordinada no debe empezar con mayúscula o llevar la puntuación de una oración completa.

> En tu libro de texto en inglés aparece una tabla con cláusulas corregidas.

◆ Oraciones superpuestas

A diferencia de un fragmento, una oración superpuesta es una oración que tiene demasiada información.

→ Concepto clave

Una **oración superpuesta** está formada por dos o más oraciones que no están correctamente unidas o separadas.

Dos clases de oraciones superpuestas

Hay dos clases de oraciones superpuestas. Una clase son dos o más oraciones que se siguen una a otra sin puntuación entre ellas. Este tipo de oración se llama oración fusionada. La otra clase consta de dos o más oraciones separadas simplemente por una coma. A esto se llama empalme con coma.

◆ Corrige oraciones superpuestas

Usa puntuación al final de la oración Los signos de puntuación al final de la oración se emplean para separar una oración seguida en dos oraciones más cortas pero completas. El tipo de signo de puntuación de cierre que uses dependerá de la función de la oración.

Usa comas y conjunciones coordinantes A veces, las dos partes de una oración seguida están relacionadas y deben permanecer unidas. En ese caso, puedes convertir la oración seguida en una oración compuesta. Usa una coma y una conjunción coordinante para combinar las dos cláusulas independientes. Para separar las dos cláusulas correctamente necesitas una coma y una conjunción coordinante.

Usa el punto y coma Cuando las ideas expresadas en las dos partes de una oración seguida están estrechamente relacionadas, puedes usar un punto y coma para separar las dos partes de la oración.

> **¡Ojo!**
> Una coma sola no es suficiente para corregir una oración seguida.

◆ Reconocer los modificadores mal colocados

Modificadores mal colocados Una frase o cláusula que funciona como un adjetivo o adverbio debe estar cerca de la palabra a la que modifica. De otra manera, el significado de la oración puede no quedar claro. Un modificador muy alejado de la palabra a la que modifica se llama "modificador mal colocado".

Revisa las oraciones con modificadores mal colocados

Los modificadores mal colocados más comunes son las frases preposicionales, las frases con participios y las cláusulas adjetivadas. Todos se corrigen de la misma manera: colocando el modificador tan cerca como sea posible de la palabra a la que modifica. Mira el siguiente ejemplo:

With their new instruments in the auditorium, the orchestra practiced.
Con sus nuevos instrumentos en el auditorio, la orquesta ensayó.

With their new instruments, the orchestra practiced in the autidorium.
Con sus nuevos instrumentos, la orquesta ensayó en el auditorio.

¡Compara!

En español existe una mayor libertad en el orden de las palabras. Esto se debe a que gracias a la concordancia de género y número se pueden identificar los modificadores fácilmente.

Practica ✍

1. *Primero en español*

Escribe si los siguientes grupos de palabras son oraciones completas o fragmentos.

__________ **a.** los violines y las flautas

__________ **b.** empezó el desfile con una orquesta

__________ **c.** tocaba el clarinete

__________ **d.** la música en la cultura griega

__________ **e.** la instrumentación varía

2. *Ahora en inglés*

Escribe la puntuación correcta.

a. We traveled to the South Pole and we saw penguins

b. Who explored the North Pole first

c. When they began to play the musicians were overjoyed

d. Did Angela Lansbury really win four Tonys

e. Compasses don't work in the North Pole they only work away from that area

3. *Subraya el modificador mal colocado.*

a. By flying over the icebergs, the peguins came into view.

b. Arriving at the muscial an hour late, the seats were already taken.

c. How impressive the winters looked, traveling through the Arctic.

d. The balloon burst, playing with it.

e. After restringing the cello, it played beautifully.

Aplica

4. *Ahora escribe oraciones completas, usando los fragmentos siguientes:* **by the musicians, listening to the songs, play the piano tomorrow, hoping to see the balloons, getting to the Antarctic.**

____

____

____

CAPÍTULO 22

Uso de los verbos

22.1 Tiempos de los verbos

→ Concepto clave

Un **tiempo** es la forma de un verbo que muestra el momento en
que ocurre una acción o existe una condición.

◆ Los seis tiempos verbales

Los verbos tienen seis tiempos, cada uno de los cuales se puede
expresar de dos formas diferentes —la básica y la progresiva o
durativa.

Las formas básicas y progresivas de los seis tiempos

PRESENTE
write, writes   escribo, escribe, escribe escribe

PASADO
wrote   escribió

FUTURO
will write   escribirá

PRESENTE PERFECTO
has written   ha escrito

PASADO PERFECTO
had written   había escrito

FUTURO PERFECTO
will have written   habrá escrito

PRESENTE PROGRESIVO
is writing   está escribiendo

PASADO PROGRESIVO
was writing   estaba escribiendo

FUTURO PROGRESIVO
will be writing   estará escribiendo

PRESENTE PERFECTO PROGRESIVO
has been writing   ha estado escribiendo

PASADO PERFECTO PROGRESIVO
had been writing   había estado escribiendo

FUTURO PERFECTO PROGRESIVO
will have been writing   habrá estado escribiendo

¡Recuerda!
En inglés la forma del
verbo sólo cambia en la
tercera persona
singular del presente.
Se añade *-s* al final de
la forma básica.

Expresión del tiempo con los tiempos verbales

Pasado - Ocurre u ocurrió en el pasado.

Pasado Perfecto - Ocurre antes de un momento específico en el pasado.

Presente - Ocurre ahora.

Presente Perfecto - Empezó a ocurrir antes del presente.

Futuro - Va a ocurrir en el futuro.

Futuro Perfecto - Va a ocurrir en el futuro, antes de un momento específico.

◆ Las cuatro partes principales de los verbos

Los tiempos están formados por las partes principales de los verbos y por verbos auxiliares.

→ Concepto clave

Un verbo tiene cuatro partes principales: **el presente**, el **participio presente**, el **pasado** y el **participio pasado**.

• La primera parte principal se usa para formar el presente y los tiempos futuros. Para formar el presente, se agrega *-s* o *-es* a la forma presente del verbo cuando el sujeto es *he*, *she*, *it* o un sustantivo singular (*Paul walks*). Para formar el futuro se agrega el verbo auxiliar *will* (*Paul will run*).
• La segunda parte principal se usa con varios verbos auxiliares para formar las seis formas progresivas (*Paul is walking, Paul was walking*).
• La tercera parte principal se usa para formar el pasado (*Paul walked*).
• La cuarta parte principal se usa con verbos auxiliares para formar los tres tiempos perfectos (*Paul had walked*).

◆ Verbos regulares

La mayoría de los verbos en inglés son regulares.

→ Concepto clave

El pasado y el participio pasado de un **verbo regular** se forman agregando *-ed* o *-d* a la forma presente.

El pasado y el participio pasado de los verbos regulares tienen la misma forma. Recuerda que para formar el participio pasado de un verbo necesitas usar un verbo auxiliar.

A veces, para formar el participio presente (*skipping*), el pasado y el participio pasado (*skipped*) de un verbo, se repite la última consonante. A veces, se elimina la última *e* para formar el participio presente (*type, typing*).

En tu libro de texto en inglés aparece una tabla con verbos regulares.

◆ Verbos irregulares

Si bien la mayoría de los verbos son regulares, un número de
verbos muy comunes, como *run* correr, son irregulares.

→ Concepto clave

El pasado y el participio pasado de un **verbo irregular** no se
forman agregando *-ed* or *-d* a la forma presente del verbo.

El pasado y el participio pasado de los verbos irregulares se
forman de varias maneras.

◆ Conjugación de los tiempos

Con las partes principales de los verbos y los verbos auxiliares
puedes formar todos los tiempos.

→ Concepto clave

Una **conjugación** es una lista completa de las formas singulares
y plurales de un verbo en un tiempo específico.

> En tu libro de texto en inglés aparecen dos tablas con las
> conjugaciones del verbo *pay*.

Para cada tiempo hay tres formas singulares y tres formas
plurales que corresponden a la primera, segunda y tercera
personas de los pronombres personales.

Para conjugar los seis tiempos en sus formas básicas, sólo
necesitas tres de las partes principales: el presente, el pasado y
el participio pasado. Para conjugar los seis tiempos en sus
formas progresivas necesitas el participio presente y una forma
del verbo *be*.

22.2 *Voz activa y voz pasiva*

→ Concepto clave

La **voz** es la forma de un verbo que muestra si el sujeto es quien
realiza la acción. En inglés, los verbos tienen dos voces: la activa
y la pasiva.

◆ Diferencias entre la voz activa y la voz pasiva

Todo los verbos de acción, tengan o no un complemento directo,
pueden estar en la voz activa.

VOZ ACTIVA

All run.	Todos corren.
All admire Ken.	Todos admiran a Ken.

La mayoría de los verbos de acción se pueden usar en la voz
pasiva. Un verbo en voz pasiva se forma con una forma de *be* y
el participio pasado de un verbo transitivo (uno que puede tener
un complemento directo).

VOZ PASIVA

Ken is admired by all.   Ken es admirado por todos.

◆ Usar la voz correctamente

→ Concepto clave

Usa la voz activa siempre que puedas.

Las oraciones con verbos en voz activa son más directas que las que tienen verbos en voz pasiva.

→ Concepto clave

Usa la voz pasiva para enfatizar a quien recibe la acción en vez de quien la realiza.

¡Compara!

En español la voz pasiva se emplea menos que en inglés. En español se emplea la "pasiva refleja".

English is spoken here.   Aquí se habla inglés.

Practica ✍

1. Primero en español

A. Escribe el tiempo y la voz de cada uno de los verbos: presente, pasado, futuro, activa, pasiva

   a. Cambiaremos la moneda. __________ __________

   b. El peso nunca fue devaluado. __________ __________

   c. El zloty es la moneda de Polonia. __________ __________

   d. ¿Cambiará el Brasil su moneda? __________ __________

   e. No comprendo la tasa de cambio. __________ __________

B. Subraya la forma correcta del verbo.

   a. En Estados Unidos (tiene / hay) dólares de plata.

   b. Sí se (puede / pueden) comprar un carro a crédito.

   c. Nunca antes (había coleccionado / colecciona) sellos.

   d. El euro europeo (usamos / se usa) por todos.

   e. El dinero (sirve / servido) para comprar cosas.

2. Ahora en inglés

A. Escribe el tiempo y la voz de cada uno de los verbos: present, past, future, active, passive.

   a. We lost our travellers' checks. __________ __________

   b. Uncle Bill used to collect gold coins. __________ __________

   c. Michael will exchange some pesetas. __________ __________

   d. The clothes were bought on credit. __________ __________

   e. Paper money is used around the world. __________ __________

    a. Mike (understand / understands) the value of a dollar.

    b. What (is /are) the monetary unit of Scotland?

    c. Does the ruble still (exist / exists)?

    d. My checking account has (shrank / shrunk) to just a few dollars.

    e. What can the currency of Canada (is / be) called?

Aplica ✍

3. *Escribe un párrafo acerca del valor de los billetes y monedas que conoces. Usa la voz activa y la voz pasiva.*

____

____

____

CAPÍTULO 23

Uso de los pronombres

Support for
Pronoun Usage

Los pronombres del inglés tienen diferentes formas, dependiendo de cómo se usan en una oración.

23.1 Caso

➜ Concepto clave

Caso es la forma de un sustantivo o pronombre que indica su función en una oración.

◆ Los tres casos

Tanto los sustantivos como los pronombres tienen tres casos.

➜ Concepto clave

Los tres casos son el nominativo, el complementario y el posesivo.

Caso	Uso en oraciones
Nominal	Sujeto o predicado nominal
Complementario	Complemento directo, complemento indirecto, complemento de preposición o complemento de un verboide
Posesivo	Muestra posesión

Usar los casos correctos de sustantivos es rara vez un problema porque la forma cambia sólo en el caso posesivo.

A diferencia de los sustantivos, los pronombres personales tienen diferentes formas para los tres casos.

◆ El caso nominativo

Los pronombres tienen dos usos principales en el caso nominativo.

➜ Concepto clave

Usa el **caso nominativo** cuando un pronombre se usa como el sujeto de un verbo o como un predicado nominal.

Pronombres nominativos en compuestos Cuando uses un sujeto compuesto o un predicado nominal compuesto, verifica el caso quitando mentalmente la otra parte del compuesto o invirtiendo la oración.

Pronombres nominativos con aposiciones A veces, las aposiciones siguen a un pronombre para volver a nombrarlo o identificarlo. Si un pronombre usado como sujeto o como predicado nominal va seguido por una aposición, usa el caso nominativo.

We juniors are the only ones invited.
Nosotros los más jóvenes somos los únicos invitados.

◆ El caso complementario

El caso complementario se usa con los complementos de verbos y preposiciones como también con los complementos de verboides.

➜ Concepto clave

Usa el **caso complementario** cuando uses un pronombre como el complemento de cualquier verbo, preposición o verboide.

> En tu libro de texto en inglés aparece una tabla con los pronombres complementarios.

Pronombres complementarios en compuestos Los errores con pronombres complementarios ocurren más frecuentemente en los complementos compuestos.

Pronombres complementarios con aposiciones Si una aposición aparece antes de un pronombre usado como complemento, asegúrate de usar un pronombre complementario.

The professor encouraged <u>us</u> budding playwrights.
El maestro nos alentó a nosotros los autores incipientes.

◆ El caso posesivo

➜ Concepto clave

Usa el **caso posesivo** antes de los sustantivos para mostrar posesión. Usa el caso posesivo antes de los gerundios.

A veces, los pronombres posesivos se escriben incorrectamente con un apóstrofo. *Your's, our's, their's* y *her's* son incorrectos. No confundas los pronombres posesivos *its, your* y *their* (sin apóstrofos) con las contracciones *it's, you're* y *they're*.

◆ Problemas especiales con los pronombres

Esta sección tratará de dos problemas especiales que presentan los pronombres: el uso correcto de *who* y *whom* y de sus formas relacionadas *whoever* y *whomever*, así como también del uso de pronombres en cláusulas donde algunas palabras están omitidas, pero se sobreentienden.

➜ Concepto clave

Who y **whoever** son pronombres nominativos. **Whom** y **whomever** son pronombres complementarios.

> En tu libro de texto en inglés aparece una tabla con el uso de *who* y *whom*.

¿Sabías que...
todavía puedes escuchar algunos pronombres antiguos en canciones y textos religiosos? Estos pronombres son *thou* (tú), *thee* (ti) y *thy* (tu).

¡Ojo!
No confundas la contracción *who's* (*who is*) con el pronombre posesivo *whose*.

◆ El caso nominativo: *who* y *whoever*

El caso nominativo se usa para sujetos y para predicados nominales.

→ Concepto clave

Usa *who* o *whoever* como sujeto de un verbo.

Who y *whoever* pueden ser los sujetos de cláusulas subordinadas. Para asegurarte que usas el caso correcto en una cláusula subordinada, determina el uso del pronombre:

I will accept help from whoever will offer it.
Aceptaré ayuda de quien la ofrezca.

El primer paso para determinar el caso del pronombre es separar la cláusula subordinada (*whoever will offer it*), una cláusula nominal que actúa como complemento de la preposición *from*. El paso siguiente es ver cómo se usan las palabras en la cláusula; el verbo es *will offer*, el complemento directo es *it*. *Whoever* es el pronombre correcto porque funciona como un sujeto y, por consiguiente, debe ir en el caso nominativo.

→ Concepto clave

Usa *who* o *whoever* para un predicado nominal:

The culprit is who?
¿El culpable es quién?

Puede surgir un problema cuando el pronombre es el predicado nominal en una cláusula subordinada:

The police do not know <u>who</u> the culprit is.
La policía no sabe quién es el culpable.

Para ver si el pronombre es correcto, primero separa la cláusula subordinada (*who the culprit is*). Luego, determina el uso de cada palabra en la cláusula. Como la cláusula está invertida, colócala en el orden normal: *The culprit is who.* Ahora puedes ver que el sujeto es *culprit*, que el verbo es *is* y que *who* es el predicado nominal del verbo de enlace. Como los predicados nominales requieren el caso nominativo, *who* es correcto.

◆ El caso complementario: *whom* y *whomever*

→ Concepto clave

Usa **whom** y **whomever** para el complemento directo de un verbo o el complemento de un verboide:

<u>*Whom*</u> *did you expect to see?*
¿A quién esperabas ver?

En este ejemplo, *whom* es el sujeto del verbo *to see*. Para verificar el caso del pronombre invierte mentalmente el orden de la oración.

You did expect to see <u>whom</u>?
¿Esperabas ver a quién?

¡Recuerda!
Un verboide es una forma verbal que se usa como sustantivo, adjetivo o adverbio.

Los pronombres en el caso complementario también pueden
ocurrir en cláusulas subordinadas de oraciones complejas:

You can select <u>whomever</u> you want.
Puedes escoger a quien quieras.

Para ver si usaste los pronombres correctos, primero separa la
cláusula subordinada (*whomever you want*). Luego, coloca las
cláusulas en el orden normal: *you want whomever.*

→ Concepto clave

Usa *whom* y *whomever* para el complemento de una preposición.

Whom es el complemento de una preposición en los siguientes
ejemplos:

<u>Whom</u> did you receive the message from?
From <u>whom</u> did you receive the message?
¿De quién recibiste el mensaje?

Si el pronombre se usa para conectar las cláusulas de una
oración completa, es necesario verificar el caso del pronombre
más cuidadosamente.

I spoke to the astronaut with whom we had dined.
I spoke to the astronaut whom we had dined with.
Hablé con el astronauta con el que habíamos cenado.

En la primera oración, el pronombre complemento sigue
inmediatamente a su preposición, *with*. En la segunda oración, el
pronombre y su preposición están separados por varias palabras.

El uso correcto de los pronombres en cláusulas elípticas

En una cláusula elíptica, se omiten algunas palabras porque están
sobreentendidas. Las oraciones con cláusulas elípticas se usan
con frecuencia para hacer comparaciones. Estas oraciones están
divididas generalmente en dos partes conectadas por *than* o *as*.

Tom is as happy as I. Tom está tan contento como yo.

Para seleccionar el caso del pronombre, debes saber cuáles
son las palabras omitidas.

1. Considera las opciones de pronombres: nominativo y
complementario.
2. Completa mentalmente la cláusula elíptica.
3. Haz tu elección de acuerdo a lo que encuentres.

Practica ✍

1. *Primero en español.*

Subraya el pronombre correcto.

a. (Yo, me) trabajaba en Boston.

b. Esa señora está delante de (ti / tuyo).

c. Frida (le / se) casó en los años 20.

d. Ángela sabe (quién / cualesquiera) construyó el hotel.

e. Lucía (se / le) mudó a Texas en 1925.

2. *Ahora en inglés.*

Selecciona la palabra para completar la oración.

a. We don't know (who / whose) was Harding's vice-president.

b. (He / Him) and (I / me) study the Depression.

c. H. L. Mencken lived in Baltimore. Do you know (he / him)?

d. He has his history book and I have (my / mine).

e. The Flappers performed all of (their / theirs) own dances.

f. (Whoever / Whomever) studies economics studies hard.

g. I am much taller than (she / her).

Aplica ✍

3. *Escribe un párrafo acerca de tu artista favorito. Subraya los pronombres.*

____

____

____

CAPÍTULO 24

Concordancia

La **concordancia** es la correspondencia, el "ajuste", entre palabras o formas gramaticales. La concordancia gramatical no es siempre evidente.

En la primera parte de este capítulo aprenderás a hacer concordar al sujeto con su verbo. La segunda parte se ocupa de la concordancia entre los pronombres y sus antecedentes.

24.1 *Concordancia de verbo y sujeto*

Para que un sujeto y un verbo concuerden, los dos deben estar en singular o en plural. En esta sección aprenderás a distinguir entre sujetos singulares y plurales, cómo hacer que los verbos concuerden con sujetos compuestos y cómo resolver problemas de concordancia en el caso de sujetos especiales.

◆ Sujetos singulares y plurales

→ Concepto clave

Un sujeto singular va con un verbo en singular. Un sujeto en plural va con un sujeto en plural.

→ Concepto clave

Una frase o cláusula colocada entre un sujeto y su verbo, no afecta la concordancia de verbo y sujeto.

◆ Sujetos compuestos

Un sujeto compuesto tiene dos o más sujetos, generalmente unidos por *or* o *and*. Usa las siguientes reglas cuando hagas concordar sujetos compuestos con verbos.

Sujetos unidos por *and*

→ Concepto clave

Un sujeto compuesto unido por *and* es generalmente plural va con un verbo en plural.

Hay dos excepciones a esta regla. Si las partes del sujeto compuesto se consideran como un todo o si la palabras *every* (todos) o *each* (cada) preceden al sujeto compuesto, el verbo va en singular.

Sujetos singulares unidos por *or* o *nor*

→ Concepto clave

Dos o más sujetos en singular unidos por *or* o *nor* van con un verbo en singular.

> **¡Atención!**
> Para hacer que un verbo concuerde con su sujeto, necesitas identificar al sujeto y determinar su número y persona.

¡Compara!

A diferencia del inglés, en español hay libertad de concordancia
de los verbos y sujetos compuestos unidos por "o" o "ni".
Ni el frío ni el calor lo detuvieron.

Sujetos plurales unidos por *or* o *nor*

→ Concepto clave

Dos o más sujetos plurales unidos por *or* o *nor* deben tener un
verbo en plural.

Sujetos de número mixto unidos por *or* o *nor*

→ Concepto clave

Si uno o más sujetos singulares están unidos a uno o más sujetos
plurales con por *or* o *nor,* el sujeto más cercano al verbo
determina la concordancia.

◆ Confusión de sujetos

Algunos tipos de sujetos presentan problemas especiales de
concordancia.

Oraciones inversas Entre los sujetos más difíciles de identificar
están los que vienen después de los verbos. Una oración en la
que el sujeto aparece después del verbo se llama oración inversa.
El orden del sujeto y verbo generalmente está invertido en las
preguntas.

→ Concepto clave

Un verbo debe concordar en número con el sujeto aunque éste lo
siga.

    Comprueba que el verbo concuerde con el sujeto formulando
mentalmente la oración para que el sujeto aparezca primero.

    Con frecuencia, las palabras *there* y *here* indican que se trata
de una oración inversa. Estas palabras nunca funcionan como el
sujeto de la oración.

¡Compara!

En español el verbo "haber" en forma impersonal no tiene
número. Compara los ejemplos:

There is a tree.   Hay un árbol.
There are many trees.   Hay muchos árboles.

Sujetos de verbos de enlace Los sujetos de los verbos de enlace
también pueden causar problemas de concordancia.

→ Concepto clave

Un verbo de enlace debe concordar con su sujeto, cualquiera sea
el número de su predicado nominal.

Sustantivos colectivos Los sustantivos colectivos, como *audience*
(público) y *class* (clase), nombran grupos de personas o cosas.

       Spanish-Speakers' Handbook **101**

→ Concepto clave

Un **sustantivo colectivo** lleva un verbo en singular cuando el grupo al que nombra actúa como una unidad. Un sustantivo colectivo lleva un verbo en plural cuando los miembros del grupo al que nombra funcionan como individuos con diferentes opiniones.

Sustantivos que parecen plurales Algunos sustantivos que terminan en *-s* parecen plurales pero en realidad su significado es singular. Por ejemplo, los sustantivos que nombran diferentes áreas del conocimiento, como *mathematics* (matemáticas), *physics* (física) y los que nombran unidades como *mumps* (paperas). Sin embargo, cuando palabras como *politics* (política) y *ethics* (ética) no nombran áreas del conocimiento sino que indican características, su significado es plural. De igual manera, *eyeglasses* (espejuelos), *scissors* (tijeras), si bien nombran artículos individuales, generalmente llevan verbos en plural.

→ Concepto clave

Usa verbos en singular para concordar con sustantivos que son plurales en forma pero singulares en significado.

Physics is interesting.   La física es interesante.

Pronombres indefinidos

→ Concepto clave

Los pronombres indefinidos singulares llevan verbos en singular. Los pronombres indefinidos plurales llevan verbos en plural.

Los pronombres *all* (todo), *any* (ningún), *more* (más), *most* (la mayoría), *none* (ningún) y *some* (algún) generalmente llevan un verbo en singular si el antecedente es singular y un verbo en plural si el antecedente es plural.

Títulos de obras y organizaciones

→ Concepto clave

El título de un trabajo artístico o el nombre de una organización es singular y debe tener un verbo en singular.

Cantidades y medidas La mayoría de las cantidades y medidas, si bien parecen plurales, en realidad expresan unidades o ideas singulares.

→ Concepto clave

Un sustantivo que expresa una cantidad o medida generalmente es singular y necesita un verbo en singular.

Two hundred dollars is enough.
Doscientos dólares son suficientes.

¡Ojo!
Si no estás seguro del número del sustantivo, búscalo en un diccionario.

24.2 *Concordancia de pronombre y antecedente*

◆ Concordancia entre pronombres personales y antecedentes

→ Concepto clave

Un **pronombre personal** debe concordar con su antecedente en número, persona y género.

Concordancia en número Hacer concordar los pronombres con sus antecedentes en número sólo representa un problema cuando el antecedente es compuesto.

→ Concepto clave

Usa un pronombre singular con dos o más antecedentes singulares unidos por *or* o *nor*.

→ Concepto clave

Usa un pronombre plural con dos o más antecedentes unidos por *and*.

Concordancia de persona y número Un pronombre personal y su antecedente no concuerdan si hay un cambio en la persona o en el número en la segunda parte de la oración.

→ Concepto clave

Cuando revises la concordancia de pronombre y antecedente, asegúrate de no cambiar de persona o género.

Los pronombres genéricos masculinos Históricamente, los pronombres masculinos *he, his, him, himself* se han usado para referirse a un antecedente singular cuyo género no se especifica. En la actualidad, muchos escritores prefieren usar pronombres masculinos y femeninos *he/she, him/her, his/her, himself/herself* en vez del pronombre masculino.

→ Concepto clave

Cuando no se especifica el género, usa las formas masculina y femenina del pronombre, o vuelve a escribir la oración.

A *guest* might thank *his* or *her* host with a gift.
Guests might thank *their* host with a gift.
Los invitados pueden agradecer a su anfitrión con un regalo.

◆ Concordancia con pronombres indefinidos

→ Concepto clave

Usa un pronombre personal singular cuando su antecedente es un pronombre indefinido singular. Usa un pronombre personal plural cuando su antecedente es un pronombre indefinido plural.

Some of the village had lost its charm.
Parte del pueblo había perdido su encanto.

Some of the villagers expressed their displeasure.
Algunos de los habitantes expresaron su descontento.

¡Recuerda!
Los **antecedentes** son los sustantivos a los que reemplazan los pronombres.

¡Recuerda!
Con un pronombre indefinido que puede ser singular o plural, la concordancia depende de la palabra a la que se refiere el pronombre.

◆ Usar pronombres reflexivos

Los pronombres reflexivos terminan en *-self* o *-selves* y se
refieren a un antecedente que aparece antes en la oración.

→ Concepto clave

Un **pronombre reflexivo** debe concordar con un antecedente
expresado claramente.

◆ Cuatro problemas de concordancia de pronombres

Cuando uses pronombres personales, asegúrate que tengan
antecedentes claramente definidos.

- Un pronombre debe concordar con un antecedente claramente
  expresado o fácil de entender.
- Un pronombre personal debe referirse siempre a un
  antecedente único y obvio.
- Un pronombre personal siempre debe estar suficientemente
  cerca de su antecedente para evitar una confusión.
- Usa el pronombre personal *you* sólo cuando haces referencia al
  lector o al que escucha.

Practica ✍

1. *Primero en español.*

Subraya el verbo que concuerde con el pronombre.

a. Cada pueblo (tiene / tienen) un plan de evacuación en caso de huracanes.

b. El estudio de los tornados no se (hace / hacen) aquí.

c. ¿Hay un nombre específico que se le (da / dan) a los huracanes?

d. Ni el tornado ni el huracán me (interesa / interesan).

e. Con suerte, el efecto de los huracanes se nos (escapa / escapan).

2. *Traduce al español.*

a. Math is fun. ____

b. I like politics. ____

c. Where's my pair of glasses? ________________________________

d. What do you study in class? ________________________________

e. It's a problem of ethics. ________________________________

3. *Ahora en inglés*

Subraya la forma verbal correcta para completar la oración.

a. Neither Sharon nor Camille (like / likes) to talk much.

b. Marina and Patrick (have / has) my respect.

c. Vanitha, (are / is) your family from New Dehli?

d. I like (go / going) to see the Taj Mahal.

e. May we (join / to join) your travel club?

4. *Escribe los pronombres que faltan.*

a. Ask Yvonne about __________ trip to the Himalyas.

b. All Indian citizens have the right to practice __________ own religion.

c. Every girl respects __________ father in Indian society.

d. Because of __________ problem with overpopulation, India has taken measures to deal with it.

e. I __________ don't know much about India.

Aplica

5. *Escribe tres oraciones usando algunos de los siguientes pronombres:* his, yourself, ours, our, their, him, me.

____

____

____

CAPÍTULO 25

Uso de los modificadores

25.1 *Grados de comparación*

La mayoría de los adjetivos y adverbios tienen tres formas,
llamadas grados, que se usan para modificar y hacer
comparaciones.

→ Concepto clave

La mayoría de los adjetivos y adverbios tienen tres formas
diferentes para mostrar los grados de comparación: el positivo, el
comparativo y el superlativo, por ejemplo, *simple*, *simpler* y
simplest (simple, más simple, el más simple).

> En tu libro en inglés aparece una tabla con más ejemplos de los
> grados de comparación.

◆ Formas regulares

Los modificadores pueden ser regulares o irregulares, de acuerdo
a cómo se formen sus grados comparativos y superlativos.
Existen dos reglas para la formación de modificadores regulares.
La primera se aplica a los modificadores de una o dos sílabas.

→ Concepto clave

Usa *-er* o *more* para formar el grado comparativo y *-est* o *most*
para formar el grado superlativo de la mayoría de los
modificadores de una o dos sílabas.

El método más común para formar el comparativo y el
superlativo de los modificadores de una o dos sílabas es agregar -
er o *-est* al modificador. *More* y *most* se usan con modificadores de
una o dos sílabas cuando la terminación *-er* o *-est* no suena bien.

Los comparativos y superlativos de todos los adverbios que
terminan en *-ly*, cualquiera sea su número de sílabas, se forman
con *more* y *most*.

→ Concepto clave

Usa *more* y *most* para formar el comparativo y el superlativo de
todos los modificadores de tres o más sílabas.

Las comparaciones con *less* y *least* *Less* y *least*, los contrarios
de *more* y *most*, también se usan para formar el comparativo y el
superlativo de la mayoría de los modificadores.

> **¡Recuerda!**
> Para expresar igualdad
> en inglés se emplea la
> expresión *as . . . as . . .*
> (tan... como...).

◆ Formas irregulares

La formación de los grados comparativo y superlativo de algunos
adjetivos y adverbios usados comúnmente no siguen un patrón
determinado.

→ Concepto clave

Tienes que memorizar las formas comparativas y superlativas de
ciertos adjetivos y adverbios.

Algunos de los modificadores irregulares se diferencian sólo en
su grado positivo. Sus grados comparativos y superlativos son
iguales.

> En tu libro en inglés aparece una lista de modificadores
> irregulares.

→ Concepto clave

Bad es un adjetivo. No lo uses para modificar un verbo de
acción. Tampoco lo uses después de un verbo de enlace.

Good y well Al igual que *bad, good* es un adjetivo y no puede
usarse como un adverbio después de un verbo de acción. Sin
embargo, se puede usar como un adjetivo después de un verbo
de enlace. *Well* es generalmente un adverbio. Como *badly*, se
puede usar después de un verbo de acción.

Cuando *well* se usa con el significado de "saludable", es un
adjetivo. Por consiguiente, *well* también puede usarse después
de un verbo de enlace.

¡Compara!

En español los adjetivos y adverbios también tienen grados de
comparación. Sin embargo, se forman de manera distinta que en
inglés. En vez de añadir terminaciones como en inglés, se usan las
palabras "más", "el más" y "menos", "el menos". También existen
formas irregulares: bueno, mejor, óptimo; malo, peor, pésimo.

¡Ojo!
La respuesta formal a:
How are you? es: *I am
fine, thank you.*

25.2 *Hacer comparaciones claras*

◆ Usar los grados comparativo y superlativo

Hay dos reglas simples para el uso de los grados comparativo y superlativo.

→ Concepto clave

Usa el grado comparativo cuando compares dos personas, lugares o cosas. Usa el grado superlativo cuando compares tres o más personas, lugares o cosas.

La doble comparación No agregues *-er* y *more* o *-est* y *most* al mismo tiempo a un modificador regular. Tampoco agregues estas terminaciones o palabras a un modificador irregular.

◆ Hacer comparaciones lógicas

Para hacer comparaciones lógicas, tienes que asegurarte que no estés comparando dos elementos que no tienen relación y que no estés comparando algo consigo mismo.

→ Concepto clave

Asegúrate que tus oraciones sólo comparen elementos semejantes.

Comparaciones con *other* y *else* Puedes hacer una comparación sin sentido si no usas las palabras *other* y *else*.

→ Concepto clave

Cuando compares un elemento con el resto de su grupo, comprueba que tu oración tenga la palabra *other* o la palabra *else*. Esto evitará que compares algo consigo mismo.

Practica ✍

1. *Primero en español.*

Subraya la forma del adjetivo o adverbio que mejor complete la oración.

a. Este conductor habla más (fuerte / fuertísimo) que el otro.

b. El piano suena (mejor / más bien) que la pianola.

c. La flauta tiene el sonido (más agudo / agudísimo) de todos los instrumentos.

d. Toco bien el clarinete, pero Toño toca (más bien / mejor).

e. Emilia dice que la guitarra es (la más barata / más barata) que el violín.

2. *Usa la forma comparativa o superlativa.*

a. René pinta <u>bien</u>, pero Carolina pinta __________

b. Juana canta <u>mal</u>, pero Eduardo canta __________

c. Monet pintaba <u>mucho</u>, pero Cassatt pintaba __________

d. El tambor <u>poco</u> se oye, pero el contrabajo se oye __________

e. Este es un <u>buen</u> instrumento, pero aquél es __________

3. *Ahora en inglés*

Subraya el adjetivo o adverbio que mejor complete la oración.

a. I don't feel (good / well) today.

b. Can you play the guitar as (good / well) as he can?

c. The piccolo has a (more sharp / sharper) sound than the flute.

d. (Most often / More often) than not, the conductor commands respect.

e. Whom do you like (better / best)—Sisley, Seurat, or Cassatt?

4. *Completa la oración con la forma comparativa o superlativa del adjetivo.*

a. I sing loudly but Laura sings ______________________________________

b. Hedy and Don are friendly, but Gene and Jo are ______________________

c. Ellen is a good organist, Mike is better, and Eston is the __________________

d. Stella's talent in music is significant, but Heather's talent is ______________

e. The guitar is shiny, the flute is shinier, but the saxophone is the ____________

Aplica ✍

5. *Escribe un párrafo acerca de tu música favorita. Usa adjetivos y adverbios comparativos y superlativos.*

____

____

____

En este capítulo estudiarás algunos problemas gramaticales que
no se han tratado anteriormente.

26.1 *Oraciones negativas*

En inglés sólo se emplea una palabra de negación para que toda
una oración sea negativa.

◆ Reconocer la negación doble

Una negación doble es el uso de dos palabras negativas en una
oración.

→ Concepto clave

No escribas oraciones de negación doble.

¡Compara!

En inglés antiguamente era correcto usar varias palabras de
negación en una oración. En español sí usamos varias palabras
negativas en la misma oración: <u>no</u> tengo <u>nada</u>.

◆ Formar oraciones negativas correctamente

Las oraciones negativas en inglés se forman de tres maneras.

1. Con una palabra negativa La manera más común de hacer
negativa a una oración es con una sola palabra negativa o
agregando la contracción *n't* a un verbo de ayuda.

→ Concepto clave

No uses dos palabras negativas en una misma cláusula.

2. Con *but* en sentido negativo Cuando *but* significa *only*,
(solamente) generalmente funciona como una palabra negativa.

→ Concepto clave

No uses *but* en su sentido negativo junto con otra palabra
negativa.

3. Con *barely, hardly* y *scarcely* Estas palabras tienen un
sentido negativo y no deben usarse con otras palabras negativas.

→ Concepto clave

No uses *barely, hardly* o *scarcely* junto con otras palabras
negativas.

¡Ojo!
Ten cuidado con el
empleo de *no* y *not*. *I
have <u>no</u> time. I have <u>not</u>
read. No* va antes de un
sustantivo, *not* va antes
de un verbo.

26.2 *Otros problemas comunes*

→ Concepto clave

Estudia las siguientes palabras y expresiones para evitar errores comunes.

1. *adapt, adopt* *Adapt*, adaptar, significa "cambiar". *Adopt*, adoptar, significa "tomar como propio".

2. *all ready, already* *All ready* son dos palabras separadas que se usan como adjetivo y significan "listo". *Already*, es un adverbio y significa "ya, ahora o antes de ahora".

3. *anxious* Este adjetivo implica inseguridad, preocupación o miedo. No lo uses como un sustituto de "deseoso".

4. *bad, badly* *Bad* es un adjetivo que significa "incorrecto". *Badly* es un adverbio que significa "de mala manera".

5. *being as, being that* No uses estas expresiones. Usa en cambio *because* o *since* (porque, puesto que).

6. *bring, take* *Bring* significa acarrear algo de un lugar lejano a uno más cercano. *Take* significa lo opuesto: acarrear algo de un lugar cercano a otro más lejano.

7. *due to* *Due to* significa "causado por" y se debe usar solamente cuando se puede reemplazar por las palabras *caused by*.

8. *different from, different than* Se prefiere *different from*.

9. *in, into* *In* se refiere a posición. *Into* sugiere movimiento.

10. *irregardless* Colocar *ir-* en esta palabra la convierte en una negación doble. Usa *regardless*.

Practica

1. *Primero en español*

Subraya la palabra más apropiada para completar la oración.

a. Marie Curie no sabía (algo / nada) de francés al llegar a Francia.

b. Ella (nunca / siempre) tenía nada de comer cuando era niña.

c. Gertrude Stein no lo sabía (también / tampoco).

d. Esa mujer no podía cantar (o / ni) una nota.

2. *Ahora en inglés*

Subraya la palabra apropiada para completar cada oración.

a. The settlers didn't find (anything / nothing) there.

b. Wasn't Ohio (ever / never) Connecticut's western reserve?

c. The Homestead Act didn't help them (any / none).

d. Annie Oakley did not (ever / never) live in Tennessee.

**3. *Decide si las oraciones están correctas o no. Escribe* correct *o* incorrect
*en el espacio.***

a. _______________ I don't have nothing.

b. _______________ You have to choose from among the three.

c. _______________ He feels badly about that.

d. _______________ No do this.

e. _______________ Don't go into the woods!

Aplica ✍

4. *Escribe una oración con cada una las siguientes palabras*

a. anxious ____

b. all ready ____

c. different ____

CAPÍTULO 27

Mayúsculas

En este capítulo aprenderás las normas para usar las mayúsculas.

◆ Las mayúsculas en palabras iniciales

Las letras mayúsculas sirven como una ayuda visual para el lector al destacar ciertas palabras en una página.

Oraciones

Señala siempre el comienzo de una idea con una mayúscula en la primera palabra de la oración.

→ Concepto clave

Comienza con mayúscula la primera palabra en todo tipo de oraciones completas.

→ Concepto clave

Comienza con mayúscula la primera palabra en interjecciones y en preguntas incompletas.

→ Concepto clave

Comienza con mayúscula la primera palabra de una oración completa que viene después de un signo de dos puntos. Si después de los dos puntos viene una lista, ésta no es una oración completa y no se necesitan mayúsculas.

Citas

→ Concepto clave

Comienza con mayúscula la primera palabra de una cita si ésta es una oración completa.

Poesía

→ Concepto clave

Comienza con mayúscula la primera palabra de cada verso de una poesía.

I e *O*

→ Concepto clave

Las palabras *I* (yo) y *O* (¡oh!) siempre van en mayúscula, cualquiera sea su posición en la oración.

◆ Las mayúsculas en sustantivos propios

Un **sustantivo propio** es un sustantivo que nombra a una persona, lugar o cosa específica.

→ Concepto clave

Comienzan con mayúscula todos los sustantivos propios y cada una de las partes de un nombre propio.

¿Sabías que...
Cuando se habla de poesía, la palabra "verso" se dice *line* en inglés?

➜ Concepto clave

Comienzan con mayúscula los sustantivos propios de animales.

➜ Concepto clave

Comienzan con mayúscula los nombres geográficos.

Si un sitio aparece en los mapas, generalmente lleva mayúsculas.

Cuando un punto cardinal se usa para indicar dirección, no lleva mayúscula. Si se usa para indicar un lugar específico sí la lleva.

➜ Concepto clave

Comienzan con mayúscula los nombres de monumentos, edificios y salas de reunión.

➜ Concepto clave

Comienzan con mayúscula los nombres de acontecimientos y períodos históricos.

➜ Concepto clave

Los nombres de las estaciones del año no llevan mayúsculas.

➜ Concepto clave

Comienzan con mayúsculas los nombres de organizaciones, agencias de gobierno, partidos políticos, nacionalidades e idiomas.

➜ Concepto clave

Comienzan con mayúsculas los nombres de religiones, dioses y textos religiosos.

Los nombres de dioses y diosas mitológicos llevan mayúsculas, pero no las palabras *god,* dios, y *goddess,* diosa.

➜ Concepto clave

Comienzan con mayúscula los nombres de premios.

➜ Concepto clave

Comienzan con mayúscula los nombres de ciertos aviones, barcos, carros y vehículos espaciales.

◆ Las mayúsculas en adjetivos propios

Un sustantivo propio usado como adjetivo o un adjetivo formado por un sustantivo propio son adjetivos propios.

➜ Concepto clave

Comienzan con mayúscula la mayoría de los adjetivos propios.

➜ Concepto clave

Comienzan con mayúscula los nombres de marcas que se usan como adjetivos.

➜ Concepto clave

No uses mayúsculas en los prefijos unidos a adjetivos propios, a menos que el prefijo se refiera a una nacionalidad.

> **¡Recuerda!**
> Los días de la semana y los meses se escriben con mayúscula.

> **¡Ojo!**
> En inglés las palabras que se refieren a las nacionalidades y los idiomas se escriben con mayúscula.

◆ Las mayúsculas en títulos

Las mayúsculas se usan en los títulos de personas y de obras de
arte y literarias.

→ Concepto clave

Comienza con mayúscula el título de una persona cuando lo
usas junto con su nombre o cuando al hablar con esa persona lo
usas como sustituto del nombre.

→ Concepto clave

Comienzan con mayúscula los títulos de funcionarios del
gobierno cuando van seguidos por un sustantivo propio o
cuando los usas en lugar de su nombre.

→ Concepto clave

Comienzan con mayúscula las palabras importantes en títulos
compuestos, pero no los prefijos y sufijos añadidos al título.

→ Concepto clave

Comienzan con mayúscula los títulos que expresan grados de
parentesco cuando se refieren a una persona específica, a menos
que estén precedidos por un sustantivo o un pronombre posesivo.

→ Concepto clave

Comienzan con mayúscula las abreviaturas de títulos que
aparecen antes y después de los nombres.

→ Concepto clave

Comienzan con mayúscula la primera palabra y todas las
palabras importantes de los títulos de libros, periódicos, poemas,
cuentos, obras de teatro, pinturas y otras obras de arte.

→ Concepto clave

Comienzan con mayúscula los nombres de los cursos cuando
son cursos de idiomas o cuando van seguidos por un número.

¡Compara!

Aunque en inglés y español el empleo de las mayúsculas es
muy semejante, existen algunas diferencias. Éstas se dan sobre
todo en los nombres de los días, meses, religiones, idiomas y
nacionalidades que se escriben con mayúscula en inglés pero
no en español. Otra gran diferencia es en los títulos de libros,
donde en inglés se emplean mayúsculas en todas las palabras
importantes.

> **¡Recuerda!**
> En inglés las palabras
> importantes de los
> títulos van todas en
> mayúscula. En español
> sólo la primera palabra
> debe ir en mayúscula.

Practica ✍

1. *Primero en español*

Corrige las siguientes oraciones.

a. No he leído Yo "El Coloquio De Los Perros" de Cervantes.

b. Andrea vivió en montevideo, uruguay.

c. Nació el 25 de Noviembre.

d. Mi Madre escucha *El Sombrero de Tres Picos.*

e. Vino el Martes por la mañana.

2. *Ahora en inglés*

Corrige las siguientes oraciones.

a. I was lucky to see <u>Annie get your gun</u> with Bernadette Peters.

b. My Mom's favorite Actress is Angela Lansbury.

c. My favorite class is modern language 101.

d. We never read <u>Bury my heart at wounded knee</u>.

e. She eats Strawberries for Breakfast.

Aplica ✍

3. *Escribe un párrafo acerca de una obra de teatro que hayas visto o leído.*

____

____

____

CAPÍTULO **28**
Puntuación

La puntuación permite al escritor determinar el ritmo y el tono de la lectura.

28.1 Signos al final de la oración

Los tres signos de cierre de oración son el punto [.], el signo de interrogación [?] y el signo de exclamación [!].

◆ Signos básicos

El punto tiene tres funciones básicas:

→ Concepto clave

Usa un punto para terminar una oración declarativa, una oración imperativa suave o una pregunta indirecta.

→ Concepto clave

Usa un signo de interrogación [?] para terminar una pregunta directa, un pregunta incompleta o una declaración que se usa como pregunta.

¡Compara!

En inglés generalmente se invierte el orden de la frase para hacer preguntas. En español el orden de las palabras es igual que una oración declarativa, por eso se necesita el signo de interrogación inicial [¿].

→ Concepto clave

Usa un signo de exclamación [!] para terminar una oración exclamativa, una oración imperativa fuerte o una interjección que expresa una emoción fuerte.

Hey, look at this!   ¡Oye, mira esto!

◆ Otros usos de los signos de cierre

→ Concepto clave

La mayoría de las abreviaturas terminan con un punto.

→ Concepto clave

Usa un punto después de los números o letras en los esquemas.

28.2 Comas

La coma [,] indica al lector que haga una pausa breve antes de continuar la lectura.

◆ Comas en oraciones compuestas

→ Concepto clave

Usa una coma antes de la conjunción para separar las dos cláusulas independientes de una oración compuesta.

◆ Comas dentro de series y con adjetivos

Series Cuando una oración contiene una serie de palabras, frases o cláusulas, hay que usar comas.

→ Concepto clave

Usa comas para separar tres o más palabras, frases o cláusulas en una serie.

I read the articles, extracts, and books for my final exam.
Leí los artículos, resúmenes y libros para mi examen final.

No se necesitan comas cuando dos cosas se usan juntas con tanta frecuencia que se piensa en ellas como si fueran una unidad.

I asked for ham and eggs, coffee and cream, and bread and butter.
Pedí huevos con jamón, café con crema y pan con mantequilla.

Adjetivos Se deben usar comas entre los adjetivos de igual valor o coordinados.

→ Concepto clave

Usa comas para separar **adjetivos coordinados**, es decir, zadjetivos con el mismo valor.

The country's wild, beautiful scenery is an attraction for tourists.
El paisaje salvaje y hermoso del campo es una atracción para los turistas.

¡Compara!

En español empleamos una conjunción entre dos adjetivos seguidos con el mismo valor: paisaje salvaje y hermoso. En inglés no hace falta.

◆ Comas después de una introducción

→ Concepto clave

Usa una coma después de una palabra, frase o cláusula de introducción.

> En tu libro de texto en inglés aparece una tabla con palabras, frases y cláusulas introductorias.

¡Ojo!
En español generalmente no se usan las comas antes de *y* u *o*.

¡Ojo!
No se usan comas para separar cosas que de tanto ir juntas, se piensa en ellas como en una sola cosa.

◆ Comas con expresiones explicativas y no esenciales

Expresiones explicativas Una expresión explicativa es una palabra o frase que interrumpe momentáneamente la idea principal. Sirve para aclarar o ampliar lo que se está diciendo.

→ Concepto clave

Usa comas para separar las expresiones explicativas.

Expresiones esenciales y no esenciales Una expresión esencial es una palabra, frase o cláusula que da información indispensable a la oración.

→ Concepto clave

No uses comas para separar las expresiones esenciales del resto de la oración.

Una expresión no esencial da información adicional, pero no indispensable, a una oración.

> En tu libro de texto en inglés aparece una tabla con expresiones esenciales y no esenciales.

◆ Otros usos de la coma

→ Concepto clave

Cuando un nombre geográfico tiene dos o más partes, debes usar una coma después de cada parte.

I traveled from Taos, New Mexico, to Tijuana, Mexico.
Viajé de Taos, Nuevo México, a Tijuana, México.

→ Concepto clave

Cuando una fecha tiene dos o más partes, debes usar una coma después de cada parte, excepto en el caso de un mes seguido por un día o de un mes seguido por un año.

On Friday, April 17, we will have a special meeting.
El viernes, 17 de abril, tendremos una junta especial.

→ Concepto clave

Cuando un nombre va seguido de uno o más títulos, usa una coma después del nombre y después de cada título.

→ Concepto clave

Usa una coma después de cada parte en una dirección que tiene dos o más partes.

→ Concepto clave

Usa una coma después del saludo en una carta personal y después del cierre en todo tipo de cartas.

→ Concepto clave

Usa una coma después de cada tres dígitos en números de más de tres dígitos.

> **¡Recuerda!**
> Las reglas que estás aprendierdo en inglés no siempre se cumplen en español. Las fechas en español no llevan comas.

¡Compara!

En inglés se usa la coma entre los miles y el punto para el decimal. En español se usa el punto entre los miles y coma para el decimal. Inglés: *1,000,000.00*, español: 1.000.000,00.

➜ Concepto clave

Usa una coma para indicar que se han omitido palabras en una oración elíptica.

➜ Concepto clave

Usa comas para separar una cita textual del resto de una oración.

El uso indiscriminado de las comas No debes usar comas a menos que las necesites para cumplir una función específica, como las mencionadas en las páginas anteriores.

28.3 *Punto y coma y dos puntos*

◆ Uso del punto y coma

➜ Concepto clave

Usa un punto y coma para unir cláusulas independientes que no están unidas por una de las conjunciones *and*, *but*, *for*, *nor*, *or*, *so* o *yet*.

➜ Concepto clave

Usa un punto y coma para unir cláusulas independientes separadas por un adverbio conjuntivo o por una expresión de transición: *accordingly* (consecuentemente), *also* (también), *besides* (además), *furthermore* (aún más), *instead* (en vez de), *namely* (principalmente), *nevertheless* (no obstante), *thus* (por lo tanto), *as a result* (como resultado), *at this time* (en este momento), *first* (primero), *in fact* (de hecho), *that is* (es decir).

The team was, consequently, disqualified.
El equipo, en consecuencia, fue descalificado.

➜ Concepto clave

Usa un punto y coma para evitar una confusión cuando las cláusulas independientes ya tienen comas.

➜ Concepto clave

Usa un punto y coma entre los elementos de una serie si los elementos ya están separados por comas.

◆ Uso de los dos puntos

➜ Concepto clave

Usa los dos puntos antes de una lista de elementos que sigue a una cláusula independiente.

Con frecuencia, la cláusula independiente que aparece antes de una lista incluye una frase como: *the following* (lo siguiente) o *the following items* (los siguientes elementos).

➜ Concepto clave

Usa los dos puntos para introducir una cita formal o larga.

➡ Concepto clave

Usa los dos puntos para introducir una oración que resuma o
explique la oración anterior.

Usa mayúsculas después de los dos puntos cuando lo que
sigue sea una oración completa.

➡ Concepto clave

Usa dos puntos para introducir un apositivo formal que siga a
una cláusula independiente.

I forgot one important element: writing the numbers.
Se me olvidó un elemento importante: escribir los números.

Usos especiales de los dos puntos

> En tu libro de texto en inglés aparece una tabla con los usos
> especiales de los dos puntos.

28.4 *Comillas y subrayado*

◆ Citas textuales

➡ Concepto clave

Una cita textual presenta las palabras textuales de una persona
y va dentro de comillas.

➡ Concepto clave

Una cita no textual da sólo el sentido general de lo que dijo una
persona y no necesita comillas.

➡ Concepto clave

Usa una coma o dos puntos después de una frase de introducción.

➡ Concepto clave

Usa una coma, un signo de interrogación o un signo de
exclamación después de una cita seguida por una conclusión.

➡ Concepto clave

Usa una coma después de la primera parte de una cita cuando
haya una interrupción.

◆ Comillas con otros signos de puntuación

Hay cuatro reglas básicas para colocar los signos de puntuación
dentro o fuera de las comillas:

➡ Concepto clave

Coloca siempre la coma o punto dentro de las comillas de cierre.

➡ Concepto clave

Coloca siempre el punto y coma afuera de las comillas de cierre.

➡ Concepto clave

Coloca el signo de interrogación o de exclamación dentro de las
comillas de cierre si el signo es parte de la cita.

¡Recuerda!
Recuerda que todas las
oraciones completas
dentro de una cita
comienzan con
mayúscula.

¡Recuerda!
En inglés las comillas
de cierre se ponen
después del punto o la
coma finales. Es
español, el punto o la
coma finales se ponen
después de las comillar
de cierre.

Coloca el signo de interrogación o de exclamación fuera de las comillas de cierre si el signo no es parte de la cita.

¡Compara!

En español, la coma o el punto van después de las comillas. En inglés, la coma o el punto van dentro de las comillas.

◆ Comillas en casos especiales

→ Concepto clave

Cuando cites diálogos, comienza un nuevo párrafo cada vez que cambia la persona que habla.

→ Concepto clave

Para citas de más de un párrafo, coloca comillas al comienzo de cada párrafo y al final del último párrafo.

→ Concepto clave

Usa comillas sencillas ["] para marcar una cita dentro de otra cita.

¡Compara!

En español se usan las comillas españolas [« »] para marcar una cita dentro de otra cita. En inglés se usan las comillas sencillas.

◆ Subrayado y otros usos de las comillas

→ Concepto clave

Subraya o escribe en cursiva los títulos de escritos largos y los títulos de publicaciones periódicas.

> En tu libro de texto en inglés aparece una tabla con obras escritas que van subrayadas.

→ Concepto clave

Subraya los títulos de películas, series de la radio y la televisión, pinturas, esculturas y obras de arte importantes.

→ Concepto clave

Subraya los nombres de ciertos aviones, barcos, carros y vehículos espaciales.

→ Concepto clave

Subraya las palabras extranjeras que aún no han sido aceptadas en el idioma inglés.

→ Concepto clave

Subraya los números, símbolos y letras cuando que se refieren a sí mismos.

→ Concepto clave

Subraya las palabras que quieras enfatizar. No abuses del subrayado para enfatizar palabras.

¡Atención!
Los diálogos en inglés se escriben entre comillas. En español sin embargo, se escriben con guiones.

◆ Títulos con comillas

→ Concepto clave

Coloca entre comillas los títulos de escritos cortos.

→ Concepto clave

Coloca entre comillas los títulos de canciones, episodios de una serie y partes de una composición musical larga.

→ Concepto clave

Coloca entre comillas los títulos de trabajos que forman parte de una colección o antología.

◆ Títulos sin subrayado ni comillas

→ Concepto clave

No subrayes ni coloques entre comillas el nombre de la Biblia, de sus libros, divisiones o versiones, ni los de cualquier otro libro religioso, como el Corán.

→ Concepto clave

No subrayes ni coloques entre comillas los nombres de agencias del gobierno, alianzas, tratados, leyes, estatutos o informes.

28.5 Rayas, paréntesis y guiones

◆ Rayas

La raya[—] es una marca horizontal larga que se escribe por encima del renglón y que sirve para separar texto de tres maneras básicas:

→ Concepto clave

Usa rayas para indicar un cambio abrupto de pensamiento, una idea que interrumpe el texto o una declaración que resume algo.

→ Concepto clave

Usa rayas para separar un apositivo o modificador no esencial cuando es largo, cuando ya tiene otros signos de puntuación o cuando quieras agregar énfasis.

→ Concepto clave

Usa rayas para separar una expresión no relacionada cuando es larga, ya tiene otros signos de puntuación o agrega énfasis. Usa rayas si la expresión no relacionada es una pregunta o una exclamación.

Si bien la raya tiene muchos usos, trata de no usarla demasiado. Si lo haces, tu escrito puede parecer confuso y desorganizado.

¡Compara!

En español la raya se emplea en los diálogos.

¡Ojo!
Estas reglas para el uso de las rayas no se aplica al español, donde para estos casos se deben usar las comas y los paréntesis.

◆ Paréntesis

Los paréntesis [( )] separan el texto que no es esencial para
comprender una oración. Si bien no tienen el efecto dramático
de las rayas, son los separadores más fuertes que puedes usar.

➜ Concepto clave

Usa paréntesis para separar agregados y explicaciones
solamente cuando este texto no es esencial o cuando consiste en
una o más oraciones.

Recuerda que todo el texto entre paréntesis se puede eliminar
sin afectar al significado de una oración.

➜ Concepto clave

Usa paréntesis para separar datos numéricos, como la fecha de
nacimiento y muerte de alguna persona, y los números y letras
que identifican a una serie.

➜ Concepto clave

Cuando una frase u oración declarativa interrumpen otra oración,
no uses mayúsculas ni coloques signos de cierre dentro de los
paréntesis.

➜ Concepto clave

Cuando una pregunta o exclamación interrumpen otra oración,
usa mayúsculas y signos de cierre dentro de los paréntesis.

➜ Concepto clave

En toda oración que aparece entre dos oraciones completas, usa
mayúsculas y un signo de cierre dentro de los paréntesis.

➜ Concepto clave

En toda oración que incluye paréntesis, coloca todos los signos
de puntuación, comas, puntos y coma, dos puntos y signos de
cierre que pertenecen a la oración principal después del cierre
del paréntesis.

◆ Guiones

Los guiones [-] se usan para separar ciertos números y partes de
palabras, para unir algunas palabras compuestas y para separar
palabras al final de los renglones.

➜ Concepto clave

Usa un guión para escribir los números compuestos de
twenty-one, veintiuno, a *ninety-nine*, noventa y nueve.

➜ Concepto clave

Usa un guión para escribir fracciones con función de adjetivos.
Si la fracción cumple la función de un sustantivo, se omite el
guión.

➜ Concepto clave

Usa un guión después de un prefijo que es seguido por un
sustantivo propio o un adjetivo.

→ Concepto clave

Usa un guión en palabras con los prefijos *all-*, *ex-* y *self-*, y en palabras con el sufijo *-elect*.

Cuando estos sufijos y prefijos van unidos a la raíz de una palabra o a una palabra incompleta, no se necesitan guiones.

→ Concepto clave

Usa un guión para conectar dos o más palabras que se usan como una sola, a menos que esté escrita de diferente manera en el diccionario.

→ Concepto clave

Usa un guión para conectar un modificador compuesto que viene antes de un sustantivo. Sin embargo, si el modificador compuesto viene después de un sustantivo, el guión se elimina, a menos que el diccionario muestre el modificador escrito con guión.

→ Concepto clave

No uses guiones con modificadores compuestos que incluyan palabras que terminen con *-ly*, con adjetivos propios compuestos, o con sustantivos propios compuestos con función de adjetivos.

¡Compara!

En español el guión se emplea para dividir una palabra al final de un renglón, o en algunas palabras compuestas cuando existe oposición o contraste entre ellas: franco-prusiano.

→ Concepto clave

Usa un guión dentro de una palabra cuando una combinación de letras podría ser confusa. Todas las combinaciones poco usuales de letras se pueden aclarar usando guiones.

→ Concepto clave

Usa un guión entre palabras para evitar que el lector las combine incorrectamente.

◆ Usa guiones para separar palabras

Los guiones también se usan para separar palabras al final de los renglones.

→ Concepto clave

Siempre separa las palabras entre sílabas.

Si tienes dudas sobre cómo separar una palabra en sílabas, consulta un diccionario. Coloca siempre el guión al final del renglón, nunca al principio del siguiente renglón. Los prefijos te dan un lugar para separar las palabras.

→ Concepto clave

Si una palabra es compuesta, siempre se puede separar entre el prefijo y la raíz o entre la raíz y el sufijo. Si el sufijo está formado por sólo dos letras, evita separar la palabra entre la raíz y el sufijo.

¡Ojo!
Hay palabras de una sílaba que suenan como si tuvieran dos sílabas o parecen tener dos sílabas.

➜ **Concepto clave**

Evita dejar una letra sola cuando separes palabras.

➜ **Concepto clave**

No separes sustantivos propios ni adjetivos propios.

➜ **Concepto clave**

Separa una palabra con guión sólo después del guión.

➜ **Concepto clave**

No separes las palabras de tal manera que una parte quede en
una página y la otra en la página siguiente.

28.6 *Apóstrofos*

El apóstrofo ['] cumple dos funciones: mostrar posesión e indicar
que faltan letras. En la mayoría de los casos, el apóstrofo se
coloca entre las letras de una palabra.

◆ **Apóstrofos con sustantivos posesivos**

➜ **Concepto clave**

Añade un apóstrofo y una *s* para mostrar el caso posesivo de la
mayoría de los sustantivos singulares.

Cuando un sustantivo singular termina en *s*, sigue esta regla:

➜ **Concepto clave**

Añade un apóstrofo para mostrar el caso posesivo de sustantivos
plurales que terminan en *s* o *es*.

➜ **Concepto clave**

Añade un apóstrofo y una *s* para mostrar el caso posesivo de los
sustantivos plurales que no terminan en *s* o *es*.

➜ **Concepto clave**

Añade un apóstrofo y una *s* (o sólo un apóstrofo si la palabra
termina en *s*) a la última palabra de un sustantivo compuesto
para formar el caso posesivo.

➜ **Concepto clave**

Para formar los posesivos que se refieren a tiempo o cantidades,
usa un apóstrofo y una *s*, o sólo un apóstrofo, si el posesivo es
un plural que termina en *s*.

➜ **Concepto clave**

Para mostrar posesión conjunta, haz posesivo al último sustantivo.

➜ **Concepto clave**

Para mostrar posesión individual, haz posesivo a cada sustantivo.

◆ Apóstrofos con pronombres

→ Concepto clave

Usa un apóstrofo y una *s* con los pronombres indefinidos para
mostrar posesión.

→ Concepto clave

No uses un apóstrofo con las formas posesivas de los
pronombres posesivos personales.

No se necesita apóstrofo con las palabras *yours*, *his*, *hers*,
theirs, *ours* y *whose*, pues estas palabras ya muestran posesión.

Presta especial atención a las formas posesivas *whose* e *its*
porque es muy fácil confundirlas con las contracciones *who's* e
it's.

¡Recuerda!
Whose e *its* muestran
posesión.

◆ Apóstrofos con contracciones

→ Concepto clave

Usa un apóstrofo en una contracción para indicar la posición de
las letras que faltan.

Contracciones con verbos Los verbos aparecen frecuentemente
como contracciones.

> En tu libro de texto en inglés aparece una tabla con
> contracciones.

Contracciones con años Cuando escribas años con números,
coloca un apóstrofo en los lugares donde faltan números.

Contracciones con o', d' y l' Estas letras seguidas por un
apóstrofo son las abreviaturas de las palabras *of the* o *the* en
varias expresiones de otros idiomas.

Contracciones en diálogos Cuando escribas diálogos, puedes
usar contracciones para mantener el estilo personal de los que
hablan.

¡Ojo!
Evita usar contracciones
de verbos en la escritura
formal.

◆ Usos especiales del apóstrofo

→ Concepto clave

Usa un apóstrofo y una *s* para escribir el plural de números,
símbolos, letras y palabras que se refieren a sí mismos.

¡Compara!

En inglés, el apóstrofo tiene muchos usos. En español no se
emplea más que para escribir palabras en otras idiomas.

Practica ✍

1. *Primero en español*

Escribe la puntuación correcta.

a. Cuándo vas a la playa

b. Me gustan las comedias sin embargo las tragedias me gustan más

c. Me preguntó Quieres salir conmigo

d. Puedes separar la palabra como sigue pa la bra

e. Nací en Fort Worth Texas

f. Hay 2 54 cm en una pulgada

g. Has leído el cuento Signos de puntuación Es buenísimo

h. Quisiera un saco rojo uno azul uno verde y uno blanco

2. *Ahora en inglés*

Escribe la puntuación correcta.

a. When I say three start running

b. Do you watch the series Young People

c. The movie Dearly Beloved revealed true love among friends

d. We will study Frédéric Chopin 1810-1849

e. We don't know where the two boys books are

f. For a savory broth put one half cup rice and three fourths cup celery into the soup

g. I have several CD ROMs

h. I like the summer weather Oh It is beautiful in the south

i. Have you seen the Victorian era film Gaslight

j. It was a hope
less situation

k. Do you work for UNESCO or for UNICEF

l. Where is Johns book?

m. He doesn't have much patience nevertheless he is good with children

n. Does The House of the Seven Gables begin On one of our New England by-streets...

o. Julie Christie has a one woman show about Emily Dickinson

Aplica ✍

3. *Escribe un párrafo acerca de tu escritor favorito. Proporciona sus datos biográficos.*

____

____

____

CAPÍTULO 29

Hablar, escuchar, observar y presentar

La gente comunica y recibe información de cuatro maneras principales: al hablar, al escuchar, al observar y al presentar la información. Cuanto más desarrolles estas estrategias, más fácil te será comunicar tus ideas y entender las ideas de otras personas efectivamente.

29.1 Destrezas para hablar y escuchar

Si desarrollas buenas destrezas para hablar, podrás contribuir efectivamente a las charlas de grupo de tu clase, sentirte más seguro al hacer presentaciones orales y comunicar tus sentimientos e ideas más fácilmente a otras personas. Si mejoras tus destrezas para escuchar, te será más fácil concentrarte en lo que se dice durante la clase y comprender mejor la información.

◆ Hablar en un grupo

En una charla de grupo se discuten ideas y temas libremente en un ambiente informal. Las charlas de grupo en las que vas a participar con más frecuencia ocurrirán principalmente en la escuela, con tus compañeros y sobre los temas que estás estudiando. Para poder aprovechar estas charlas de grupo, debes participar en ellas.

- **Comunícate efectivamente** Antes de hablar, debes pensar cuidadosamente sobre los puntos que quieres presentar, el orden en que los quieres presentar, las palabras que vas a usar para hacerlo y en los ejemplos que vas a dar para apoyarlos. Si haces todo esto, tus pensamientos y tu mensaje serán claros para los que te escuchen.
- **Haz preguntas** Hacer preguntas te puede ayudar de dos maneras. Primero, te va a ayudar a entender las ideas de la persona que habla. Segundo, te va a permitir identificar posibles errores en lo que dice esa persona.
- **Contribuye con tus ideas** Concéntrate en el tema del que se habla. Relaciona lo que se dice con tus propias experiencias y conocimientos. Cuando contribuyas con tus ideas a la charla, aclara cómo están conectadas con el tema.

◆ Dar un discurso

Hacer una presentación oral o dar un discurso es lo que se conoce como "hablar en público". Para llegar a ser un buen orador, debes familiarizarte con diferentes tipos de discursos y acostumbrarte a hablar en público en forma fluida y con seguridad.

Reconoce los diferentes tipos de discursos

Hay cuatro clases principales de discursos: los informativos, los persuasivos, los que se dan para entretener y los espontáneos.

→ Concepto clave

Toma en cuenta el propósito de tu discurso y la audiencia antes de decidir el tipo de discurso que vas a dar.

- Da un discurso **informativo** para explicar una idea, un proceso, una cosa o un suceso. En este tipo de discurso, puedes usar palabras técnicas para describir tu tema con más precisión.
- Da un discurso **persuasivo** para tratar de convencer a tu público de que tome tu posición o de que haga algo. Generalmente en este tipo de discurso el lenguaje que debes usar es formal.
- Da un discurso **para entretener** cuando quieras que tu público se divierta. En este tipo de discurso puedes pasar de un lenguaje serio a otro menos serio.
- Da un discurso **espontáneo** cuando tengas que hablar sobre algo sin poder prepararte sobre el tema por adelantado.

Prepara y da un discurso

Si te piden que des un discurso, comienza a pensar sobre el tema. Elige un tema que te guste o que conozcas bien. Una vez que hayas hecho esto, vas a tener que preparar el discurso para decirlo frente a un público.

→ Concepto clave

Para preparar tu discurso, investiga el tema, haz un esquema y usa tarjetas numeradas para tomar notas.

Recopila pruebas válidas de fuentes confiables Investiga en la biblioteca o en otras fuentes confiables de información, para que las pruebas o evidencias que presentes sean válidas.

Usa argumentos apropiados Los argumentos que uses para apoyar tu información deben tener relación con el tema que estás presentando. Por ejemplo, si estás escribiendo un discurso acerca de los beneficios de una dieta saludable, sería más apropiado investigar y citar las opiniones de expertos en nutrición, y no del dueño de un restaurante de comida rápida.

Haz una presentación clara Organiza tu trabajo, haciendo primero un esquema en base al material de apoyo que hayas conseguido. Ordena racionalmente la información y agrega detalles y argumentos que apoyen tus opiniones. Puedes luego pasar esta información ordenada a tarjetas, que puedes ir mirando al dar tu discurso.

→ Concepto clave

Cuando des tu discurso, usa un lenguaje retórico y estrategias verbales y no verbales.

Usa un lenguaje retórico Repite palabras y frases importantes para identificar tus puntos claves. Utiliza verbos en la voz activa y adjetivos descriptivos para hacer tu discurso más animado e interesante. Usa series de palabras para dar a tu discurso un ritmo determinado.

Usa estrategias verbales y no verbales Cambia el volumen y tono de voz, como también la velocidad a la que hablas. Habla en una voz lo suficientemente alta como para que te pueda escuchar todo el público. Pronuncia las palabras o frases importantes más bajo o más alto para enfatizarlas. Mira a tu público mientras hablas. Usa gestos, expresiones faciales y otros movimientos para enfatizar los puntos clave de tu mensaje.

Evalúa un discurso

Evaluar un discurso de otra persona te da la oportunidad de juzgar las estrategias de ese orador y también de revisar y mejorar tus propios métodos para preparar y dar un discurso.

→ Concepto clave

Un buen orador usa técnicas verbales y no verbales para atraer y mantener la atención del público. Hazte estas preguntas cuando evalúes un discurso:

- ¿El orador presentó el tema claramente, lo desarrolló bien y lo concluyó efectivamente?
- ¿Apoyó cada una de las ideas principales con detalles apropiados?
- ¿Se movió con seguridad y miró a su público?
- ¿Fueron sus expresiones faciales, gestos y movimientos apropiados para reforzar sus palabras?
- ¿Varió su tono de voz y la velocidad con que hablaba?
- ¿Pronunció claramente las palabras?

Mejora tus presentaciones

Cuando evalúas el discurso de otro orador, identificas por qué razones el discurso te pareció efectivo o no. Ten en cuenta estas razones, poniéndote en el lugar de tu audiencia, cuando prepares tu discurso.

◆ Escuchar críticamente

¿Sabías que hay una diferencia entre oír y escuchar? Oír es lo que haces naturalmente cuando los sonidos llegan a tus oídos. Escuchar, o escuchar críticamente, requiere que entiendas e interpretes lo que oyes.

→ Concepto clave

Escuchar críticamente es tener una participación activa en la información que recibes.

Aprende el proceso de escuchar

Para ser capaz de escuchar críticamente debes comprender el proceso de escuchar.

Centra tu atención Concéntrate en el orador y en sus palabras. Evita distraerte. Antes de presenciar un discurso o presentación oral, busca información sobre el tema del que se hablará. Esto aumentará tu interés en el tema y te resultará más fácil concentrarte.

Interpreta la información Usa las siguientes sugerencias para interpretar la información importante:

- Identifica las palabras y frases que el orador enfatiza o repite.
- Comprueba tu comprensión de partes importantes repitiéndolas mentalmente con tus propias palabras.
- Toma notas y resume las ideas importantes.
- Identifica el uso de estrategias verbales y no verbales: un cambio en la voz, en la expresión, en los gestos. Todo esto puede señalar información que es importante.
- Vincula la información que da el orador con la información que ya conoces sobre el tema.

Responde al mensaje del orador Responde a la información que has escuchado identificando el tipo de discurso, su mensaje general, sus puntos más interesantes y útiles y decide si estás o no de acuerdo con el orador. Si tienes dudas sobre algún punto, haz preguntas.

Escucha de diferentes maneras

Cuando escuchas a un amigo usas un tipo diferente de destrezas que cuando escuchas lo que tu maestro dice en clase o una presentación oral de uno de tus compañeros. En realidad, hay cuatro maneras de escuchar: la crítica, la empática, la de apreciación y la reflectiva.

- Cuando escuchas de manera **crítica** debes tratar de identificar los datos y detalles de apoyo para entender y evaluar el mensaje del que habla.
- Cuando escuchas de manera **empática** debes ponerte en el lugar de la otra persona y tratar de entender lo que la persona está pensando.
- Cuando escuchas con un fin de **apreciación**, trata de identificar y analizar los elementos artísticos de una obra literaria, como los personajes, la ambientación, las imágenes, la rima y el lenguaje descriptivo.
- Cuando escuchas de manera **reflectiva**, haz preguntas para obtener la información que luego debes usar para hacer nuevas preguntas.

Haz diferentes tipos de preguntas

Cuando las ideas de un orador no son claras, puedes hacer diferentes tipos de preguntas, por ejemplo:

- Las preguntas con **varias respuestas** no tienen una respuesta correcta específica. La persona a quien le preguntas tiene la posibilidad de elegir el tipo de información que dará en la respuesta. Para obtener respuestas más específicas, a menudo debes hacer una pregunta adicional. Usa este tipo de pregunta para comenzar una charla o discusión. Un ejemplo de pregunta con varias respuestas puede ser: "¿Por qué eres el mejor candidato a presidente de la clase?"
- Las preguntas **cerradas** se deben contestar con un "sí" o un "no". A veces puede ser necesario seguir la pregunta cerrada con una de varias respuestas, para averiguar las razones de la primera respuesta.
- Las preguntas sobre **datos** tratan de obtener una información o dato en particular y se las contesta dando esa información. Por ejemplo: "¿Cuántos votos acumulaste en las elecciones?". Puedes hacer preguntas adicionales para averiguar la fuente de la información que se te está dando en la respuesta.

Evalúa tu capacidad de escuchar

Utiliza las siguientes estrategias para evaluar tus habilidades para escuchar:

Repite las declaraciones de otra manera Repítele al presentador sus declaraciones, pero usando otras palabras. Si el presentador concuerda contigo, sabrás que entendiste lo que él dijo.

Compara las interpretaciones Escribe un breve resumen de lo que tú interpretaste del mensaje de un determinado orador y compáralo con la interpretación de otros estudiantes.

Investiga los puntos de interés y de discusión Usa la biblioteca u otras herramientas a tu disposición para averiguar más sobre el tema a para investigar los datos que consideres dudosos.

29.2 *Destrezas de observación*

El uso de imágenes es un importante método de comunicación. Ves ejemplos de esto en la televisión, los periódicos, las revistas, los libros de texto y en las obras de arte. En esta sección aprenderás cómo interpretar la información que obtienes de fuentes visuales.

◆ Leer mapas y gráficas

Los mapas y las gráficas son instrumentos importantes para ayudar a los lectores a entender información que es difícil de comprender. Como estos elementos te ayudan a entender algo visualmente, a veces se los llama "ayudas visuales". Para poder leer, o interpretar, estas ayudas visuales, necesitas saber las características de cada una.

→ Concepto clave

Antes de leer mapas o gráficas determina cuál es tu propósito, y luego interprétalos en busca de la información que cumpla con tu propósito.

Mapas

Un mapa puede presentar muchos tipos de información, además de la ubicación de ciudades y accidentes geográficos. Por ejemplo, puede identificar el clima, la densidad de población, cambios producidos en determinados períodos históricos, batallas de una guerra, alturas de accidentes geográficos, áreas pobladas, zonas de cultivos o patrones climáticos. Para leer un mapa, debes:

1. Determinar el tipo y propósito del mapa.
2. Estudiar los símbolos, la escala y toda información disponible.
3. Relacionar la información que aparece en el mapa con la información escrita que lo acompaña.

Gráficas

Las gráficas presentan datos numéricos de una manera visual, y permiten comparar entre dos o más conjuntos de datos relacionados. Estudia los siguientes tres tipos de gráficas, que son los más usados.

Gráfica lineal Una gráfica lineal muestra cambios producidos durante un determinado período de tiempo. Consiste en una línea que conecta distintos puntos. Los puntos representan números o cantidades de algo. Para interpretar la gráfica debes:

1. Leer el título de la gráfica y sus rótulos para identificar el tipo de información que presenta y el período de tiempo que se considera.
2. Leer cada eje de la gráfica, la línea horizontal y la vertical que forman la gráfica.
3. Comparar los datos que se proporcionan.

Gráfica de barras Una gráfica de barras muestra cambios a lo largo de un período de tiempo o compara información. Una gráfica de barras tiene un eje vertical y un eje horizontal. Uno de los ejes muestra las cosas que se miden y el otro muestra números o cantidades. Para interpretar una gráfica de barras debes:

1. Observar la altura o longitudes de las barras para ver qué números representan.
2. Hacer corresponder la cosa que muestra la barra con el número al que llega la barra.
3. Comparar las alturas o longitudes de las barras.

Gráfica circular Una gráfica circular muestra la relación entre las partes de algo o entre las partes y el todo. Para interpretar una gráfica circular debes:

1. Observar los números que van con cada parte.
2. Hacer corresponder las partes con la clave de la gráfica.
3. Usar los números y partes para hacer comparaciones.

◆ Considerar críticamente la información de los medios

Piensa cuidadosamente en lo que ves y oyes. Como los medios informativos distribuyen enormes cantidades de información, es importante que aprendas las diferencias entre los diferentes medios.

→ Concepto clave

Aprende a identificar y evaluar los diferentes tipos de información e imágenes que se encuentran en los medios informativos no impresos.

Reconoce los tipos de medios de información

Gran parte de la información que recibes proviene de los medios informativos visuales, especialmente de la televisión. La calidad y la importancia de esta información dependerá en gran medida del programa que mires. Los siguientes son algunos tipos de medios informativos no impresos.

MEDIOS INFORMATIVOS NO IMPRESOS

Medio	Tema	Formato y contenido	Punto de vista
Noticiero de televisión	Noticias y asuntos del momento	Resúmenes acompañados por imágenes	Da información objetiva
Documental	Temas de interés social	Tema presentado a través de narración e imágenes	Expresa opiniones que pueden causar controversia
Entrevista	Temas de interés social	Charlas con preguntas y respuestas	Presenta las opiniones del entrevistador y del entrevistado
Revista de actualidad en televisión	Gran variedad de temas	Comentarios de un presentador e imágenes filmadas, que intentan entretener e informar	Hace énfasis en temas que captan la atención del televidente
Comercial	Productos, personas e ideas	Mensaje breve con imágenes y eslóganes	Presenta información para vender algo o persuadir

Evalúa técnicas de persuasión

Cuando leas o mires cualquiera de los medios informativos debes estar prevenido de que podrían estarse usando técnicas de persuasión para distorsionar tu comprensión de la información.

Las **generalizaciones atractivas** son generalizaciones muy amplias, que intentan resultar atractivas para una gran audiencia, por ejemplo: "Si todos ponemos de nuestra parte, el futuro que tenemos por delante es luminoso". Frases como ésta resultan muy atractivas por sus ideas y palabras positivas, pero no están basadas en hechos concretos. Cuando escuches frases así trata de pensar qué significan realmente.

El **atractivo de pertenecer al grupo** se aplica al hacer declaraciones que aplican una presión de grupo, para impulsarte a que hagas determinadas cosas o pienses de determinada manera porque muchos otros "que son como tú" lo hacen.

Los **símbolos** son imágenes que representan otras cosas, generalmente valores o conceptos abstractos, con las cuales se trata de vincular lo que estás viendo. Por ejemplo, un anuncio de un carro puede llevar, además de imágenes del carro, imágenes que simbolicen poder, riqueza o prestigio. De alguna manera, al desear esas cualidades, se busca que desees comprar el carro.

Desmenuza la información de los medios de difusión
Primero determina de qué tipo es el programa que estás mirando. Luego aplica lo que sabes de las técnicas de persuasión y las siguientes estrategias para desmenuzar, o sea, partir en piezas diminutas, la información que recibes de los medios. Toma en cuenta lo siguiente:

- Debes estar al tanto del **propósito** y las limitaciones del programa que estás viendo. Averigua quién escribió o produjo el programa.
- Distingue entre **hechos** (información objetiva y comprobable) y **opiniones** (ideas de determinada persona, que no son hechos comprobables). Comprueba toda información sorprendente o cuestionable en otras fuentes.
- Trata de determinar si el programa es **tendencioso** (presenta la información desde determinado punto de vista para que parezca diferente) y nota los puntos de vista que no se mencionan.
- Presta atención al tipo de imágenes que se muestran y a su impacto emocional. Debes estar atento a las connotaciones del lenguaje o a las imágenes **sensacionalistas** que pueden hacer que reacciones de una cierta manera.
- Mira todo el programa y forma tus propias opiniones sobre los temas, personas e información.

◆ Considerar críticamente las obras de arte

Cuando ves y evalúas una obra de arte, pinturas, dibujos, fotografías o esculturas, usas diferentes estándares que los que usas para evaluar un programa de televisión, aun si la obra de arte tiene un mensaje político o social. La identificación de tendencias, connotaciones del lenguaje y opiniones se convierte en un examen de línea, forma, color y movimiento.

→ Concepto clave

El significado de una obra de arte se trasmite a través de elementos de diseño.

Interpreta elementos de diseño Considera las siguientes preguntas mientras observas una obra de arte:

- ¿La obra representa objetos definidos o es abstracta (que no representa ningún objeto real)?
- ¿Cómo son las formas, líneas y colores?
- ¿Qué mensaje, tema o estado de ánimo trasmite la obra?
- ¿Qué partes de la obra son más oscuras y cuáles más iluminadas? ¿Qué te sugiere ese contraste de luces y sombras?
- ¿Cómo se combinan todos los elementos de la obra para trasmitir una idea o sensación?

29.3 *Destrezas de presentación*

La presentación visual, o sea el uso de imágenes, es un método importante para
comunicar ideas. Puedes diseñar tus propias presentaciones visuales por medio de
organizadores gráficos, presentaciones de multimedia y actuaciones.

◆ Crear presentaciones visuales

Cuando lees, investigas, estudias o presentas ideas complicadas, puedes usar ayudas
visuales para dar una estructura a tu material. Esto hace que la información se entienda
más fácilmente.

→ Concepto clave

Las presentaciones visuales facilitan la comprensión de la información y nos ayudan a
recordarla mejor.

Usa estas estrategias para presentar visualmente tu información:

- **Usa descripciones del texto** En algunos tipos de trabajos escritos vas a notar títulos y
  subtítulos que señalan diferentes secciones. Una buena manera de organizar
  visualmente esta información es diseñar un organizador gráfico. Para los escritos con
  descripciones detalladas, un dibujo puede ayudar a aclarar los detalles.
- **Observa la estructura del texto** Mientras lees, observa cómo está organizado el texto.
  ¿Sigue una organización de comparación y contraste, una de causa y efecto, una de idea
  principal y detalles o un orden cronológico? Si es de comparación y contraste, puedes
  usar un diagrama de Venn o un cuadro de comparación para mostrar similitudes y
  diferencias. Si el trabajo es sobre causa y efecto, puedes usar un diagrama de flujo para
  mostrar la información visualmente. Si el texto apoya la idea principal con muchos
  detalles, puedes usar una reseña para organizar el material. Una buena manera de
  visualizar el orden cronológico es usar una recta cronológica.
- **Identifica tu propósito** Piensa sobre las partes del material que quieres presentar
  visualmente. Luego, decide qué tipo de organizador gráfico será el mejor para tu
  propósito. Por ejemplo, tal vez quieras mostrar en qué se parecen y en qué se diferencian
  dos sistemas políticos o tal vez quieras presentar tres resultados posibles de una
  elección.
- **Estudia gráficas efectivas** Presta atención al uso efectivo que se hace de distintas
  gráficas en textos escolares, periódicos y revistas. ¿De qué manera las gráficas apoyan la
  información dada en el texto? Por ejemplo, se puede usar una gráfica con datos que
  sirvan de apoyo a cierto punto de vista, o que respalde o pruebe un argumento.

Cuadros, gráficas y tablas

Para presentar columnas de números, datos estadísticos, resultados de experimentos o
investigaciones u otra información compleja, puedes preparar un cuadro, gráfica o tabla.
Por ejemplo, un esquema que resuma la sociedad feudal mostrará a los personajes de
mayor jerarquía (reyes, nobles y otros gobernantes) más arriba que aquellos de menor
importancia (cortesanos, artesanos y campesinos).

Diagramas, mapas e ilustraciones

Estos dibujos muestran las características o partes de un objeto, lugar o proceso. Puedes,
por ejemplo hacer un diagrama que muestre las partes de un volcán y el proceso de su
erupción.

◆ Usar el formato

Los procesadores de texto tienen muchos elementos de formato que se pueden usar para hacer más atractivas las presentaciones visuales, como el folleto que aparece en tu libro de texto en inglés. Recuerda que los elementos que uses deben ser apropiados para el propósito de tu texto.

- Los estilos de letra tienen diferentes efectos en el lector. Algunas variaciones posibles son usar letras en cursiva, en negrita, con sombreado, con volumen, o con gran variedad de colores.
- Puedes producir diferentes efectos usando sangrías, espacios, listas con puntos o listas numeradas.
- Parte del texto puede aparecer sobre un fondo sombreado y coloreado para que llame la atención, o se pueden usar bordes y marcos para destacar información o como adorno.
- Las gráficas y los dibujos pueden atraer la atención del público y darle una idea del tipo de información que la página contiene.

◆ Trabajar con multimedia

Una presentación oral se convierte en una presentación de multimedia cuando el orador explica los puntos principales con selecciones tomadas de diferentes medios. Si la presentación es planeada y realizada cuidadosamente, puede ser muy efectiva y la gente la recordará.

Prepara una presentación de multimedia

A pesar de que en una presentación de multimedia se pueden usar todo tipo de medios, algunos de ellos serán más efectivos o más apropiados para tu presentación. Al planearla, debes tener en cuenta la audiencia, el tema y el equipo que hay disponible. Toma en cuenta las siguientes sugerencias:

- Haz un esquema de tu presentación y determina qué partes resultarían más efectivas si se presentan oral o visualmente.
- Elige el medio apropiado para tu tema. Por ejemplo, si hablas sobre la música de Beethoven, un retrato del compositor, segmentos de videos sobre su vida y grabaciones de la música que compuso harán más interesante tu presentación.
- Mientras presentas tu informe, incorpora los diferentes materiales en los lugares apropiados. No muestres todos tus materiales al principio o al final.
- Comprueba que los medios que piensas usar pueden ser vistos y escuchados por todos. El público que está en la parte de atrás tal vez no pueda ver una fotografía pequeña. Sería mejor proyectar la imagen sobre una pantalla.
- El día antes de tu presentación, familiarízate con el uso del equipo y ensaya la presentación completa. No dejes que el público se distraiga por problemas con el equipo.
- Antes de tu presentación, asegúrate de que todo tu equipo (proyectores, micrófonos, grabadores, etc.) funcione bien.
- Ten siempre un plan alternativo para usar en caso de que algo vaya mal con el equipo.

◆ Producir un video

Las cámaras de video permiten a la gente grabar sus experiencias y expresarse por medio de una cinta de video. Además de manejar la cámara, un artista debe editar las imágenes, para que produzcan el efecto deseado.

➜ Concepto clave

Un video puede usarse para informar, entretener, persuadir, o para todos estos propósitos.

Haz un video

El proceso de crear un video es similar, aunque en menor escala, al de la producción de una película de cine. Primero debes escribir una historia, o hacer una lista de escenas que trasmitan algún mensaje. Esto es el comienzo del "guión". Debes describir también la escenografía, los personajes y sus diálogos y el vestuario, y decidir los ángulos y posición de las cámaras para cada escena.

A partir de tu guión, crea un esquema que muestre claramente la secuencia de los sucesos. Esto debe parecerse a un dibujo de historietas, con cada escena importante planeada y dibujada.

Selecciona los lugares donde se rodará la filmación y si es necesario obtén los permisos para usarlos. Selecciona tus actores y comiencen a ensayar. Una vez que estén listos, haz un cronograma de filmación, dónde y cuándo se filmará cada escena. Después filma todas las escenas y guarda tus cintas de video en un lugar seguro.

Corrige y edita el video para lograr los efectos que quieres. Puedes cortar escenas para que la acción ocurra más rápidamente, agregar o intercalar material y hasta volver a grabar algunas escenas.

◆ Representar o interpretar

En una representación o una interpretación oral, el actor o intérprete trasmite las impresiones que le producen la obra escrita.

➜ Concepto clave

Los actores e intérpretes usan su voz, sus gestos, su propio aporte personal y una gran variedad de técnicas para trasmitir el significado de un texto.

Antes de la representación

Es mejor que leas o representes una obra o poema que tenga un significado especial para ti, y que te parezca que la audiencia va a poder apreciar. Ya sea que planifiques representar el trabajo de otra persona o uno propio, recuerda estas sugerencias:

1. Escribe el texto en un cuaderno o saca fotocopias. Luego, destaca las palabras e ideas más importantes.
2. Lee el trabajo varias veces, cambiando el tono y volumen de voz y enfatizando diferentes palabras y frases.
3. Practica varios movimientos, como hacer gestos con las manos, cambiar la expresión o la postura, para comunicar el significado del trabajo.
4. La ropa, los materiales de apoyo, la escenografía y la música son partes importantes de la representación y pueden ayudarte a crear un estado de ánimo particular en tu público.
5. Ensaya la representación hasta que te sientas cómodo con todos los detalles.

◆ Reflexionar sobre lo que dijiste, escuchaste, observaste o presentaste

Repasa los diferentes conceptos que viste en este capítulo. Escribe una reflexión de una página sobre tus experiencias al aplicar estas destrezas. Usa estas preguntas como guía:

- ¿De qué manera el hablar y escuchar efectivamente me puede beneficiar en diferentes aspectos de mi vida (escuela, trabajo, amistad, familia, pasatiempos)?
- ¿Ha mejorado mi capacidad de evaluar críticamente la información que recibo de los medios de difusión? ¿De qué manera?
- ¿Qué aprendí sobre la producción de presentaciones visuales y sobre la interpretación de obras literarias a través de una representación o lectura?

CAPÍTULO 30

Vocabulario y ortografía

Encuentras palabras nuevas a diario, en los textos escolares, en tus lecturas de entretenimiento, en las conversaciones que escuchas, en el salón de clase, y en la radio y la televisión. Aprender cómo ampliar tu vocabulario y mejorar tu ortografía es una de las destrezas más importantes que puedes desarrollar. Tu vocabulario incluye todas las palabras que conoces y usas al hablar, escribir y leer. Si aumentas tu vocabulario podrás entender y comunicar mejor ideas y emociones, y una buena ortografía es un elemento esencial para comunicarse bien. La tarea requiere un poco de paciencia, pero no es tan difícil como parece y la recompensa, leer, escribir y hablar correctamente, es grande.

30.1 Desarrollo del vocabulario

Para aumentar tu vocabulario, es necesario que desees saber más sobre las palabras y sus significados. Hay varios métodos y técnicas que puedes aplicar para ampliar tu vocabulario.

◆ Escuchar, hablar y leer

Desde que somos pequeños aprendemos a partir de escuchar y practicar.

➜ Concepto clave

Escuchar, leer y hablar son las maneras más comunes de desarrollar tu vocabulario.

Escucha y usa palabras nuevas

Cuando eras un bebé no podías usar palabras para comunicar tus deseos y necesidades. Hacías mucho ruido, pero todo el mundo tenía que adivinar qué querías. Sin embargo, antes de poder decir una sola palabra, ya entendías muchas. La gente te hablaba y tú escuchabas atentamente. En poco tiempo empezaste a hablar y pronto empezaste a unir las palabras formando oraciones, y también a seguir reglas gramaticales, casi sin darte cuenta.

Ahora, como entonces, escuchar es una excelente manera de desarrollar tu vocabulario. Cuando hables con la gente, tomes apuntes en la clase, mires televisión o escuches la radio, anota las palabras que no conoces y luego busca su significado en el diccionario. Siempre que puedas, trata de usar estas palabras nuevas en una conversación.

Lee sobre diferentes temas

Probablemente al leer encuentres más palabras que no conoces que en cualquier otra ocasión. El vocabulario escrito de las personas es generalmente mucho más amplio que su vocabulario hablado.

Cuanto más variadas sean tus lecturas, más variedad tendrá tu vocabulario. Trata de leer sobre una gran cantidad de temas en libros de texto, periódicos, revistas, novelas, poemas y artículos de Internet.

◆ Reconocer claves de contexto

Cuando te encuentras con una palabra desconocida, puedes descubrir su significado
examinando el contexto en el que se encuentra. El contexto de una palabra son las
palabras que la acompañan en la oración, o la situación en la que se usa la palabra.
Dentro de una oración puedes encontrar pistas que te lleven al significado de la palabra
que desconoces. Reconocer los diferentes tipos de claves de contexto te ayudará a usarlas
más eficazmente.

→ Concepto clave

Usa las claves de contexto para determinar el significado de las palabras que desconoces.

Aquí tienes algunos ejemplos de claves de contexto que te indican el significado de la
palabra desconocida:

- Palabras clave dentro de la misma oración
- Las comparaciones, los sinónimos y los antónimos
- Palabras o frases que están cerca de la palabra desconocida y la definen

◆ Denotación y connotación

Si el contexto te ayuda a determinar el significado de una palabra, saber la denotación y
las connotaciones de la palabra te ayudará a expresarte con más exactitud.

→ Concepto clave

La **denotación** de una palabra es su definición literal. Su **connotación** incluye las ideas,
imágenes y sentimientos asociados con esa palabra.

La definición, o denotación, de la palabra "dictador" es "gobernante con poder y
autoridad absolutos". La connotación de la misma palabra son todas las ideas o
sentimientos que te inspira la palabra, por ejemplo, miedo, enojo, injusticia, o la imagen
de algún dictador conocido. A medida que desarrolles tu vocabulario debes tener en
cuenta todas las connotaciones, positivas o negativas, que pueda tener cada palabra
que usas.

◆ Identificar palabras relacionadas

Al examinar la relación entre distintas palabras entenderás mejor sus significados y te
será más fácil recordar nuevas palabras.

→ Concepto clave

Los **sinónimos** son palabras que tienen un significado similar. Los **antónimos** son
palabras que tienen significados opuestos. Los **homófonos** son palabras que suenan
igual, pero tienen diferentes significados y se escriben de distinta manera.

Sinónimos

Muchas veces es más fácil recordar un sinónimo de una palabra que una larga definición
del diccionario. Cada vez que aprendes una palabra nueva, trata de relacionarla en tu
mente con un sinónimo que ya conozcas.

Antónimos

Recordar pares de antónimos también te facilita el recordar el significado de cada uno.

Homófonos

El saber que determinadas palabras suenan igual pero no significan lo mismo y prestarles
especial atención también te ayudará a escribir correctamente.

◆ Usar palabras relacionadas en analogías

El uso de analogías te ayudará a fortalecer tu vocabulario, cuando notes que puedes hacer conexiones entre los significados de muchas palabras.

→ Concepto clave

Las **analogías** son similitudes entre palabras que están relacionadas de alguna manera.

Observa el siguiente problema de analogías y trata de determinar en qué par de palabras existe la misma analogía que en el par de más arriba.

Ejemplo: BISAGRAS : PUERTA

        a. techo   : chimenea

        b. piedra   : átomo

        c. teclas   : piano

La clave para resolver un problema de analogía es entender qué tipo de relación puedes establecer entre las palabras en mayúsculas, y buscar una relación del mismo tipo entre las palabras de los demás pares. La respuesta correcta para el ejemplo es "c", porque las teclas son parte de un piano, como las bisagras lo son de la puerta. En los demás casos, si observas, verás que la relación entre las palabras de cada par es parecida, pero no es la misma: en "a" una palabra expresa algo que es parte de la otra, pero no en el mismo orden que en el ejemplo, ya que el techo no es parte de la chimenea; en el caso "b", lo mismo, el átomo es parte de la piedra, pero el orden de la analogía está invertido.

Los tipos de analogía más comunes son:

- de parte a todo (bisagras : puerta)
- de todo a parte (techo : chimenea)
- de tipo a objeto (cocodrilo : reptil)
- de características a objeto (blanca : nieve)
- de instrumento a función (cuchillo : cortar)
- de grado menor a mayor (asustado : aterrorizado)
- de orden (primavera : verano)
- de proximidad (acera : calle)

30.2 Estudiar las palabras sistemáticamente

◆ Usar material de consulta

De los materiales y recursos que puedes usar para ampliar tu vocabulario y mejorar tu ortografía el diccionario y el diccionario de sinónimos están entre los más valiosos.

→ Concepto clave

Un diccionario te dice el significado, la ortografía, el origen y la pronunciación de las palabras. Un diccionario de sinónimos te da una lista de palabras con significados similares.

Usa el diccionario

Ten siempre un diccionario a mano y úsalo de la siguiente manera:

- Estudia la pronunciación de la palabra que buscaste. Generalmente aparece entre paréntesis, inmediatamente después de la palabra.
- Nota los diferentes significados que puede tener la palabra.
- Nota las abreviaturas que se usan en las definiciones para indicar qué función cumple la palabra en una oración.

Usa el diccionario de sinónimos

El diccionario de sinónimos te da la posibilidad de variar tu escritura y ampliar tu vocabulario al darte más palabras con el mismo significado. Para evitar errores, busca luego el sinónimo en un diccionario para conocer su significado exacto y asegurarte de que tenga la connotación apropiada.

Aprende la etimología de las palabras

También te será útil aprender el origen y la historia de las palabras. El inglés tomó muchas palabras de otros idiomas, entre ellos el griego, el latín, el francés, el japonés. Además, con el paso del tiempo, el significado de algunas palabras cambió, y se crearon palabras nuevas, o se modificaron o acortaron otras. Las palabras pueden evolucionar de diferentes maneras. Éstas son algunas de ellas:

- Las palabras se toman "prestadas" de otro idioma.
- Las palabras cambian de significado con el uso y el paso del tiempo.
- Las palabras se inventan para referirse a conceptos completamente nuevos.
- Las palabras se combinan o acortan.
- Las palabras se forman a partir de siglas o de iniciales.

◆ Cómo recordar el nuevo vocabulario

Aunque uses a menudo los diccionarios, el significado de algunas palabras nuevas te resultará más difícil de recordar que el de otras. Para recordar mejor las nuevas palabras aplica las siguientes sugerencias.

→ Concepto clave

Puedes usar varios métodos para repasar las palabras nuevas.

Usa un cuaderno de vocabulario

Anota las nuevas palabras que aprendes en una sección especial de tu cuaderno. Puedes organizar la página del cuaderno de vocabulario en tres columnas, donde pongas la palabra, una clave o palabra guía que te ayude a acordarte del significado, y el significado.

Usa un grabador de casetes

Puede serte útil repasar con casetes grabados. Diciendo, repitiendo y volviendo a escuchar las nuevas palabras las aprenderás mejor. Cuando estudies con casetes grabados sigue los siguientes pasos:

1. Graba una palabra en un casete.
2. Deja cinco segundos de espacio sin grabar y entonces graba la definición y una oración en la que emplees la palabra. Vuelve a dejar cinco segundos antes de grabar la palabra siguiente.
3. Haz lo mismo con el resto de las palabras.
4. Para estudiar, escucha todo el casete, diciendo la definición de cada palabra en los cinco segundos de silencio que le siguen a cada una. Luego escucha la definición y el ejemplo del casete, y vuelve a decir la definición.
5. Vuelve a escuchar el casete hasta que puedas dar todas las definiciones correctamente.

Es conveniente que repases de esta manera varias veces a la semana.

Usa tarjetas

Las tarjetas también resultan útiles para repasar tu vocabulario nuevo. En un lado de la tarjeta escribe la palabra, su fonética si la pronunciación es difícil, y, en una esquina, otra palabra guía que a tí te sirva de pista para acordarte del significado. Del otro lado de la tarjeta escribe la definición de la palabra. Puedes seguir los siguientes pasos:

1. Mira todas las tarjetas de los dos lados, y trata de asociar cada palabra con su significado.
2. Luego mira sólo el frente de cada tarjeta, trata de acordarte del significado, y usa la palabra en una oración.
3. Pon las tarjetas de las palabras que no recordaste en una pila aparte.
4. Repite el procedimiento con las palabras que no recordaste hasta que puedas decir la definición de todas las palabras.

Estudia en parejas

Estudiar en parejas se hace más fácil y es mucho más divertido. Primero, lee las palabras del cuaderno o de las tarjetas de vocabulario de tu compañero o compañera, para que te diga el significado. Si demora en responder, puedes leerle también la palabra guía. Luego, tu pareja debe leer las palabras de tu vocabulario nuevo para que tú le digas el significado. Repitan el juego hasta que ambos puedan decir los significados de todas las palabras.

30.3 *Estudiar las partes y los orígenes de las palabras*

Cuando analizas las partes de una palabra desconocida, puedes hallar claves para determinar su significado. Muchas palabras tienen un prefijo, una raíz y un sufijo.

◆ Identificar la raíz de una palabra

La raíz de una palabra es la parte que contiene su significado. A partir de una misma raíz se producen muchas palabras derivadas, todas relacionadas con ese significado.

→ Concepto clave

La **raíz** es la base de una palabra.

En tu libro de texto aparece una lista de las raíces de palabras más comunes en inglés.

◆ Usar prefijos

Los prefijos modifican el significado de una palabra, conocerlos y usarlos te ayudará a ampliar tu vocabulario.

→ Concepto clave

Un **prefijo** consiste en una o más sílabas colocadas delante de la raíz de la palabra y su significado se agrega al de la raíz.

En tu libro de texto aparece una lista de los diez prefijos más usados en inglés.

◆ Usar sufijos

Algunos sufijos, o terminaciones de palabras, forman sustantivos plurales, como la *-s* en
dogs. Otros muestran los tiempos de los verbos, como *-ed* en *wanted* o *-ing* en *wanting.*
Los sufijos también pueden formar nuevas palabras.

→ Concepto clave

Un **sufijo** consiste en una o más sílabas añadidas al final de la raíz de una palabra. El
sufijo altera el significado de la palabra, o puede cambiar su parte del discurso,
transformando, por ejemplo, un verbo en adjetivo.

En tu libro de texto aparece una lista de los diez sufijos más usados en inglés.

30.4 Mejorar la ortografía

El inglés es uno de los idiomas que presenta más dificultades en su ortografía porque casi
todas sus reglas ortográficas tienen excepciones, y diferentes combinaciones de letras
pueden tener la misma pronunciación. A pesar de estas dificultades es muy importante
aprender a deletrear las palabras correctamente, ya que una buena ortografía hará más
comprensible la lectura de tus escritos e impresionará favorablemente a tus lectores.

◆ Crear un cuaderno de ortografía

Puedes reducir tus errores de ortografía si llevas un registro de aquellas palabras en las
que te has equivocado, y las repasas frecuentemente. Lo mejor para llevar ese registro es
crear una sección especial en tu cuaderno, o hacer un cuaderno de ortografía.

→ Concepto clave

Haz una lista de las palabras en las que cometes errores más frecuentemente, y mantenla
actualizada.

Organiza tu cuaderno de ortografía

Divide una página en cuatro columnas. En la primera columna anota las palabras que
escribiste incorrectamente, con sus errores; en la segunda columna anota la palabra
escrita correctamente, en otro color o con una letra más grande; en la tercera columna
deja espacio para anotar cada fecha en que repases la palabra; en la cuarta columna
escribe alguna pista que te recuerde cómo es la ortografía correcta de la palabra.

◆ Palabras problemáticas

Algunas palabras pueden resultarte más difíciles que otras porque apenas las usas; puede
ser que en otras te equivoques cada vez que las escribes. Si las estudias sistemáticamente
puedes corregir esos errores.

→ Concepto clave

Para estudiar las palabras problemáticas usa varios pasos: observa, lee en voz alta,
escucha, escribe, repite.

◆ Usar métodos para memorizar

Para aprender la ortografía de algunas palabras te resultará útil crear y usar métodos o pistas que te ayuden a recordarlas.

→ Concepto clave

Crea tus propias pistas o métodos para recordar la ortografía de aquellas palabras que te resulten más difíciles.

Encuentra palabras dentro de las palabras

En medio de una palabra difícil, puedes encontrar otra palabra más fácil que te sirva de pista. Observa los ejemplos que aparecen en tu texto en inglés.

Memoriza con el método de asociación

Asocia en tu mente la parte más difícil de una palabra, con otra palabra que te resulte fácil y que conozcas bien.

◆ Aplicar las reglas de ortografía

Si bien algunas palabras presentan problemas, la mayoría de las palabras en inglés siguen patrones regulares. Éstos son algunos de esos patrones:

Plurales

El plural de un sustantivo es la forma de ese sustantivo que indica "más de uno". Los plurales pueden ser regulares o irregulares.

Plurales regulares Como regla general, puedes agregar *-s* a la forma singular del sustantivo para formar su plural. Sin embargo, con ciertos sustantivos regulares puedes elegir entre agregar *-s* o *-es*. En ciertas palabras tal vez tengas que cambiar una o dos letras.

1. Para formar los plurales de palabras que terminan en *s, ss, x, z, sh, ch,* añade *-es* a la raíz de la palabra.
2. Para formar los plurales de palabras que terminan en *y,* u *o* precedidas por una vocal, añade *-s* a la raíz de la palabra.
3. Para formar los plurales de palabras que terminan en *y* precedida por una consonante, cambia la *y* a una *i* y añade *-es.* Para la mayoría de las palabras que terminan en *o* precedida por una consonante, añade *-es.* Para los términos de música que terminan en *o,* simplemente añade *-s.*
4. Para formar los plurales de algunas palabras que terminan en *f,* o *fe,* puedes añadir *-s* o puedes cambiar la *f* o *fe* a *v* y añadir *-es.* Para las palabras que terminan en *ff,* añade *-s.*

Plurales irregulares Los plurales irregulares no se forman de acuerdo a las reglas anteriores. Puedes, sin embargo, hallar los plurales irregulares en algunos diccionarios, inmediatamente después de la pronunciación de las palabras. Si el plural de la palabra no aparece en el diccionario, significa que ésta tiene un plural regular, y puedes entonces agregarle *–s* o *–es.*

En tu libro de texto encontrarás una lista de plurales irregulares que puedes memorizar.

Nota sobre los plurales de palabras compuestas Las palabras compuestas que se escriben como una sola palabra siguen las reglas generales para formar plurales. Para formar los plurales de las palabras compuestas que se escriben con un guión o como palabras separadas, pasa al plural la palabra que se modifica.

Prefijos y sufijos

Un **prefijo** consiste en una o más sílabas agregadas al principio de una palabra para formar una nueva palabra. Un **sufijo** está formado por una o más sílabas añadidas al final de la palabra.

→ Concepto clave

Agregar un prefijo a una palabra no afecta cómo se escribe la palabra original. Agregar un sufijo con frecuencia implica cambiar cómo se escribe la palabra.

Prefijos Cuando se agrega un prefijo delante de una palabra, la ortografía de la palabra base se mantiene igual.

- Esta regla también se aplica a las palabras con consonantes dobles (*dis + satisfy = dissatisfy*).
- Un prefijo puede modificar su ortografía cuando se agrega a una palabra, pero la palabra base permanece igual (*in + reverent = irreverent*; *ad + locate = allocate*)

Sufijos Cuando se agregan sufijos a algunas palabras, es necesario hacer un cambio ortográfico. Los siguientes son los cambios más generales que se producen al agregar sufijos a ciertas palabras, para una lista mas completa, observa tu libro en inglés:

- Las palabras que terminan en consonante + *y*, y llevan los sufijos *-ance*, y *-ness*. En estos casos la *y* se cambia a *i*.
- Las palabras que terminan en vocal + *y*, y llevan los sufijos *–er* y *-ment*. En estos casos no se necesitan cambios.
- En cualquier palabra que termine en *e*, si agregas un sufijo que empieza con una vocal, tienes que eliminar la *e* de la nueva palabra. Si el sufijo empieza con una consonante, no necesitas hacer cambios.

Ortografía de palabras con *ie* y *ei*, y de palabras terminadas en *-cede*, *-ceed* y *-sede*
Por lo general es difícil la ortografía de estas palabras. Para las palabras que contienen *–ie* o *–ei* se puede aplicar la regla general: "Escribe *i* antes de *e*, excepto después de *c* o cuando suena como *a*, como en *neighbor* o *weigh*". Para las palabras que son excepciones a esta regla y para aquellas terminadas en *–cede*, *-ceed* y *-sede*, es mejor memorizar la ortografía. Estudia en tu texto las listas de palabras que son excepciones a la regla y palabras terminadas en *–cede*, *-ceed* y *-sede*.

Otros finales que se prestan a confusión
En algunos casos, los sufijos pueden sonar muy parecido, aunque las palabras se escriban de manera diferente.

→ Concepto clave

Aprende a distinguir entre terminaciones similares que se prestan a confusión.
En tu libro de texto en inglés aparece la lista de palabras con terminaciones confusas.

◆ **Leer cuidadosamente**

Para mejorar tus destrezas de ortografía es bueno que leas muy cuidadosamente todo lo que escribas.

➜ **Concepto clave**

Lee cuidadosamente todo lo que escribas, buscando errores de ortografía. Éstas son algunas destrezas para mejorar tu ortografía:

- Lee con cuidado todo lo que escribas.
- Lee una línea por vez. Cubre el resto del texto con una regla o una hoja de papel.
- Lee de atrás para adelante, es decir de la última palabra a la primera, para que el contexto no te distraiga y puedass concentrarte en las palabras una por una.
- Consulta un diccionario siempre que tengas dudas.
- Revisa cómo se escriben los nombres propios.
- Siempre lee tu trabajo más de una vez.

◆ **Reflexiona sobre la ortografía y el vocabulario**

Hazte las siguientes preguntas, acerca de tu aprendizaje de vocabulario y ortografía:

- ¿Qué se me dificulta más de las palabras nuevas, su pronunciación o su significado?
- ¿Qué tipo de palabras son más fáciles y cuáles son más difíciles para mí?
- ¿Qué tipo de errores ortográficos hago más frecuentemente?

CAPÍTULO 31

Lectura

En los grados anteriores tus maestros te decían que tenías que aprender a leer. Este año tienes que leer para aprender. Ser un buen lector de obras de ficción y de no ficción significa considerar lo que vas a leer y usar las destrezas de evaluación y de formación de opiniones.

31.1 Métodos de lectura

Para entender mejor lo que dice un libro, tienes que determinar tú mismo cuál es su mensaje.

◆ Leer libros de texto

Por lo menos el 80 por ciento de las lecturas que harás en la escuela serán de tu libro de texto. Aprende a sacar el mayor provecho posible de esas lecturas para que tu rendimiento en la escuela sea mejor.

→ Concepto clave

Usa técnicas de estudio al leer tu texto escolar para entender y recordar mejor lo que estudias.

Las secciones de un libro de texto
Los libros están compuestos de diferentes partes o secciones. Al familiarizarte con ellas mejorarás tus destrezas de lectura.

Tabla de contenido Está al principio del libro y muestra su organización con una lista de las unidades y capítulos y los números de páginas donde comienzan.

Prefacio o Introducción Esta información aparece inmediatamente antes o después de la tabla de contenido. El prefacio dice cuál fue el propósito del autor para escribir el libro. La introducción da un panorama general de las ideas del libro.

Índice El índice se encuentra al final del libro y es una lista en orden alfabético de los temas y términos específicos que aparecen en el libro, junto con el número de las páginas donde aparecen.

Glosario El glosario se encuentra al final del libro y es una lista de los términos que se usan en el libro y sus definiciones.

Apéndice También está al final del libro y contiene información adicional que el autor considera útil para entender lo que se dice en el libro.

Bibliografía La bibliografía incluye información sobre los libros y artículos que consultó el autor, como también una lista de otros materiales que puedes estar interesado en leer.

◆ Otros elementos de un libro de texto

Los libros también tienen otros elementos cuya finalidad es facilitar la búsqueda del lector.

Títulos de capítulos, de secciones y subtítulos Los títulos y subtítulos dividen el material de estudio en secciones más fáciles de manejar. El libro generalmente está dividido por capítulos o temas y dentro de ellos, en secciones más pequeñas. Los títulos más importantes aparecen en letras más grandes, a menudo destacados con negritas o colores, y los subtemas aparecen con subtítulos o encabezados más pequeños. Mirando los títulos y subtítulos puedes ver los temas que se tratan en el libro e ir directamente a aquéllos que necesitas repasar o que tu maestra o maestro indicó.

Reseñas e introducciones Cada tema o capítulo por lo general comienza con una introducción que resume lo que se verá en el capítulo.

Preguntas y ejercicios La mayoría de los textos escolares tiene una sección de ejercicios al final de cada tema, capítulo o sección que te será útil para practicar lo que acabas de estudiar.

Gráficas, ilustraciones y sus descripciones Las ilustraciones, ya sean fotos o dibujos facilitan tu entendimiento del texto; éstas van acompañadas siempre de una descripción, al pie de la ilustración, que la describe. Los mapas, diagramas y gráficas también son elementos muy útiles que aparecen en los libros de texto y aclaran conceptos complejos.

◆ Aplicar diferentes destrezas de lectura

Los buenos lectores usan distintas destrezas de lectura para comprender lo que están leyendo. Utiliza estas destrezas para aprovechar mejor tu texto.

Usa diferentes estilos de lectura

Hay diferentes estilos de lectura, cada uno con un propósito distinto.

➜ Concepto clave

Escoge el estilo de lectura más adecuado según el texto y tu objetivo.

Lee por encima Cuando lees un libro por encima, lo que haces es mirarlo rápidamente para tener una idea general de su contenido. Presta atención a las letras destacadas con color o en negrita, a los títulos y subtítulos y a las oraciones temáticas. Usa este método para tener un panorama general del libro y para ubicar información.

Da un vistazo al texto Cuando das un vistazo al texto de un libro, lo haces para encontrar información específica. Busca palabras que estén relacionadas con el tema u objetivo por los que considerarías leer el libro. Usa este método para investigar, revisar y encontrar información.

Lee detenidamente Cuando lees detenidamente un libro, lees prestando mucha atención para entender y recordar las ideas, para identificar relaciones entre ellas y para llegar a conclusiones sobre lo que has leído. Usa este método para organizar, estudiar y recordar información.

Usa las relaciones QARs

Si comprendes cómo están escritas las preguntas, se te hará más fácil responderlas. QAR (*Question and Answer Relationships*) quiere decir "relaciones entre las preguntas y sus respuestas, y se refiere a la forma de encontrar la respuesta para las preguntas. Según dónde tengas que buscar la respuesta, el tipo de pregunta será uno de los cuatro siguientes:

- **Aquí mismo** La respuesta está dentro del mismo texto, sólo tienes que prestar atención y responderla.
- **Piensa y encuentra** Para responder estas preguntas tienes que pensar en toda la información que te da el texto y llegarás a la respuesta.
- **El autor y tú** La respuesta a esta pregunta depende de lo que te dice el autor vinculado a lo que tú sabes.
- **Por tu cuenta** La respuesta a esta pregunta depende exclusivamente de tus propias experiencias, no de lo que se dice en el texto.

Usa el método SQ4R

También puedes usar la organización de un libro de texto para estudiar temas específicos si te familiarizas con las siguientes destrezas: Inspecciona *(Survey)*, Haz preguntas *(Question)*, Lee *(Read)*, Toma notas *(Record)*, Repite *(Recite)* y Repasa *(Review)*. Todas estas destrezas juntas forman el método SQ4R.

➜ Concepto clave

Usa el método SQ4R para entender mejor el contenido del libro.

Inspecciona Te permite familiarizarte con lo que vas a leer. Cuando inspeccionas un libro de texto presta atención a los títulos, subtítulos, palabras en cursiva o en negrita, a la introducción o resúmenes, a las ilustraciones y sus notas y también a las preguntas al final de cada sección o capítulo. La inspección no te debe llevar más que unos pocos minutos.

Haz preguntas Es una buena manera de pensar sobre el tema antes de leerlo. A medida que leas los títulos y subtítulos, pregúntate qué pueden incluir. Tu habilidad de hacerte preguntas te puede ayudar a concentrarte en las ideas y detalles principales mientras lees.

Lee Es el momento para comprender y hallar las respuestas a las preguntas que te hiciste en el paso anterior. Además, debes determinar cuáles son las ideas principales y los detalles más importantes.

Toma notas Anotar las ideas principales y detalles de mayor importancia es una de las mejores maneras de recordar lo que lees. Organizar en tu mente las ideas mientras lees y luego escribir una reseña de ellas, te ayudará a recordar lo que leíste.

Repite Al repetir refuerzas tu comprensión de las ideas del libro. Hay varias maneras de hacer este paso:

- Repite en voz alta la información que quieres aprender bien.
- Repite mentalmente la información que quieres recordar.
- Con un compañero, háganse preguntas sobre lo que leyeron.

Repasa Te permite retener lo que has aprendido. Cuando repases, debes repetir algunos de los pasos anteriores. Saber cuándo repasar es casi tan importante como la forma en que repasas. No dejes pasar mucho tiempo entre repasos para no olvidar lo aprendido. Antes de hacer una prueba, debes repasar la información varias veces.

◆ Hacer esquemas

Hacer un esquema del material que lees te ayudará a entender mejor la información. Cuando hagas una reseña, escribe las ideas principales y los detalles de apoyo de un tema.

→ Concepto clave

Haz un esquema para ordenar la información y las ideas más importantes que encuentres en tu lectura.

◆ Usar organizadores gráficos

Un organizador gráfico es una buena herramienta para resumir y repasar información, como también para mostrar relaciones entre ideas. Como la información está organizada visualmente, el organizador gráfico te da un panorama general del tema. Hay varias destrezas que puedes aplicar, asociadas con los organizadores gráficos:

- **Analiza el orden cronológico de los sucesos.** Para esto usa una recta cronológica o un cuadro de secuencia.
- **Haz un diagrama de idea principal y detalles.** Un diagrama de este tipo es una red de ideas, en la que anotas la idea o suceso principal en un círculo en el centro, y luego sacas de ésta líneas que comunican con otros círculos donde escribes los detalles de apoyo.
- **Compara con un diagrama de Venn.** Con un diagrama de Venn puedes comparar dos o más temas o sucesos y repasar esa comparación rápidamente con un vistazo. Las similitudes se anotan en las partes superpuestas de los círculos y las diferencias en las secciones de cada círculo que no están superpuestas.

31.2 Leer no ficción críticamente

Cuando lees críticamente, examinas y cuestionas las ideas del autor, prestando especial atención a su propósito. También evalúas la información que el escritor incluye como apoyo y luego te formas una opinión sobre la obra.

◆ Analizar y evaluar obras de no ficción

Cuando lees obras literarias de no ficción debes ser capaz de evaluar la información del texto. Sé un lector atento para poder determinar cuál es el propósito del autor y si la información que da se puede comprobar.

Haz inferencias

A veces, un escritor expresa directamente su propósito. Sin embargo, frecuentemente el propósito está implícito. Mientras lees, debes hacer inferencias sobre el propósito del autor usando las claves que encuentres en el texto.

Reconoce el propósito o tendencia del autor

Parte de ser un lector crítico es poder decir por qué escribe el autor, si tiene alguna tendencia y si intenta influir en la opinión del lector.

Evalúa la credibilidad del autor

Presta atención al tipo de declaraciones que el autor hace, si te parecen tendenciosas o neutrales, si te parecen razonables o exageradas; y asegúrate de que el autor tenga experiencia en el tema que trata y que sus argumentos estén sustentados con datos, ejemplos y detalles comprobables.

Reconoce las técnicas persuasivas

Sé precavido con cualquier texto que influya en tus emociones, puedes estar frente a una técnica de persuasión.

Juzga el trabajo del escritor

Cuando hayas leído varias obras del mismo autor trata de sacar conclusiones acerca de su trabajo.

◆ Identificar hechos y opiniones

Para poder decidir si el material que lees se puede comprobar, tienes que distinguir entre hechos y opiniones.

→ Concepto clave

Para que te sea más fácil evaluar la veracidad de lo que lees, considera cuidadosamente si la información que se te proporciona es un hecho o una opinión. Toma en cuenta lo siguiente:

- Un **hecho** es algo que puedes verificar, o probar que es cierto, por observación personal, por declaraciones de expertos o por experimentación.
- Una **opinión** no se puede comprobar, puede estar basada en hechos y datos reales, pero no es un hecho. Las opiniones casi siempre reflejan creencias o sentimientos.

◆ Aplicar el razonamiento

Cuando lees críticamente debes llegar a conclusiones lógicas y racionales.

→ Concepto clave

Piensa lógicamente para llegar a conclusiones válidas. Puedes usar los siguientes métodos de razonamiento:

- Usa razonamiento inductivo y deductivo.
- Identifica argumentos no lógicos, como las generalizaciones infundadas o los razonamientos hechos a partir de una base incierta.
- Identifica y usa otras formas de razonamiento, como las analogías y las relaciones de causa y efecto.

Una **generalización** es una declaración que se hace en base a un número de datos o casos particulares.

Una **analogía** es una comparación entre dos cosas que son similares de ciertas maneras pero que son esencialmente diferentes. Un autor puede usar una analogía para comunicar una idea mostrando la similitud que la idea tiene con otra cosa más conocida.

Una secuencia de **causa y efecto** puede ser usada por un autor para llegar a la conclusión de que un suceso fue la causa de otro porque el primero ocurrió inmediatamente antes que el segundo. El autor usa una secuencia de causa y efecto válida cuando un suceso es causado por uno o más sucesos. Otro autor puede usar una secuencia de causa y efecto inválida cuando el primer suceso no causó el segundo.

Puedes determinar si una secuencia de causa y efecto es válida o no haciendo las siguientes preguntas:

1. ¿Qué evidencia hay de que el primer suceso pudo haber causado el segundo?
2. ¿Qué otros sucesos pudieron haber causado el segundo?
3. ¿Podría haber ocurrido el segundo suceso sin el primero?

◆ Identificar el propósito y el lenguaje del autor

Los autores pueden usar diferentes tipos de lenguaje para hacer que pienses o sientas de una cierta manera sobre las ideas que presentan.

Descubre el propósito o tendencia del autor

Parte de ser un lector crítico es poder decir por qué escribe el autor. Los siguientes son algunos propósitos comunes y las claves que te ayudarán a identificarlos:

- **Informar** Dar una serie de datos que están comprobados por experimentación, registros u observación personal
- **Instruir** Desarrollo en secuencia de una idea o de un proceso
- **Opinar** Presentación de una cuestión desde un punto de vista específico, apoyado por detalles válidos
- **Vender** Técnicas de persuasión, que incluyen datos y propaganda, diseñadas para vender una idea o producto
- **Entretener** Narración humorística de un evento; se usa con frecuencia para hacer más entretenido un tema serio

Examina el lenguaje del autor

Los autores pueden usar diferentes tipos de lenguaje para hacer que pienses o sientas de una cierta manera sobre las ideas que presentan.

Connotación, denotación y jerga La connotación y la denotación de las palabras y la jerga son algunas de las maneras en que los autores usan el texto para influir en tu percepción del significado de un hecho.

La denotación de una palabra es el significado literal de la palabra y tiene un tono neutro. La connotación de una palabra sugiere o implica un tono positivo o negativo, son las imágenes o sentimientos a los que generalmente se asocia la palabra. La jerga es un lenguaje que parece ser científico o técnico, pero que en realidad es vago y muchas veces no tiene sentido. Algunos autores lo usan para confundir o engañar al lector y ocultar el verdadero significado de las palabras.

31.3 Leer obras literarias

La literatura es una forma de escritura imaginativa que comprende novelas, cuentos, poemas y obras de teatro.

◆ Analizar y evaluar las obras de ficción

Usa una variedad de destrezas de lectura para aumentar tu comprensión de los trabajos literarios.

Establece un propósito para leer Antes de comenzar a leer, decide por qué estás leyendo. Establecer un propósito dará foco a tu atención.

Pregunta A medida que lees, pregúntate qué está pasando en el texto. Luego, continúa leyendo para hallar las respuestas.

Vuelve a leer o avanza en la lectura Vuelve a leer una oración, párrafo o verso para hallar la conexión entre las palabras o para conectar las ideas de varias oraciones. Avanza en la lectura para hallar más información sobre palabras o ideas difíciles.

Haz conexiones personales Usa tus propias experiencias como ayuda para entender más lo que estás leyendo. Mientras lees, busca conexiones entre gente y eventos de tu vida y los del texto.

Conoce el contexto histórico ¿Cuándo ocurre la acción? ¿Cuáles eran las costumbres y la moral de esos tiempos? ¿Qué sugiere el contexto histórico?

Responde Al leer, piensa qué sientes por los personajes y las situaciones en las que se encuentran. Cuando hayas terminado piensa en lo que el trabajo significa para ti.

Leer ficción

Las novelas y los cuentos generalmente se centran en un conflicto principal que debe
enfrentar un personaje. Puedes aplicar las siguientes estrategias para leer obras de
ficción:

- **Haz predicciones.**
- **Relaciona la obra con tus experiencias personales.**
- **Visualiza el escenario y los sucesos.**
- **Haz inferencias y saca conclusiones.**

Leer obras de teatro

Cuando lees una obra de teatro, es importante que recuerdes que fue escrita para ser
representada. Antes de comenzar a leer la obra, lee la lista de personajes y de las
relaciones que existen entre ellos. Las direcciones escénicas indican cuándo y cómo los
actores deben moverse en el escenario. Lee las direcciones escénicas y usa tu imaginación
para crear en tu mente una imagen de lo que ocurre en la obra. Las obras de teatro se
dividen en actos o escenas. Luego de cada uno, resume lo que sucedió para poder seguir
la trama de la obra. Recuerda estas estrategias para comprender mejor la obra:

- **Visualiza la acción.**
- **Conecta la obra con su contexto histórico.**
- **Resume.**

Leer poesía

Un poema es una combinación de imágenes y detalles que crean una impresión total. Ten
en cuenta las siguientes sugerencias para apreciar mejor la poesía:

Identifica y entiende al que habla

Para identificar a quien habla en el poema, pregúntate: ¿Quién es el que habla? ¿Cuál es
su aspecto? ¿En qué situación o lugar se encuentra? ¿A quién le habla? ¿Qué piensa de la
vida?

Percibe las imágenes

Usa tus sentidos para "sentir" el poema. Los autores usan el lenguaje descriptivo para
"pintar" con palabras imágenes visuales, auditivas, táctiles, olfativas y mentales. Presta
atención a los detalles sensoriales del poema.

Sigue la puntuación

Los signos de puntuación son muy importantes en los poemas porque ayudan a darles un
ritmo especial.

Presta atención al poema

Una de las características que diferencia a la poesía de la prosa, es la sonoridad de
aquélla. La poesía es creada para ser recitada o leída en voz alta, al hacerlo vas a poder
apreciar la música en las palabras del poeta.

31.4 *Leer de varias fuentes*

Puedes encontrar todo tipo de información en una variedad de fuentes, como libros, revistas, páginas web, periódicos, cartas, discursos y en muchos otros formatos. Si te familiarizas con las diferentes fuentes de información, podrás investigar y aprender diferentes temas.

Lee diarios personales y cartas

Los diarios personales y cartas son relatos de acontecimientos y situaciones en primera persona, o sea desde el punto de vista del autor. Muchos diarios personales y cartas se publican después de la muerte de sus autores, con el permiso de sus familias. Recuerda que la información en estas fuentes primarias generalmente refleja las opiniones del autor y no siempre incluye datos que se pueden vefificar.

Lee periódicos

Los periódicos son una buena fuente de información sobre temas actuales y cuestiones en tu comunidad, en los Estados Unidos y en todo el mundo. Cuando leas un periódico, recuerda que sus diferentes secciones tienen diferentes propósitos. Las páginas con opiniones editoriales presentan puntos de vista personales sobre diferentes cuestiones. Las otras secciones dan información no tendenciosa sobre diferentes temas como economía, deportes, artes y otros temas.

Lee transcripciones de discursos y entrevistas

Una transcripción es una copia escrita de discursos y entrevistas, es decir de lo que dijo alguien en algún momento. Puedes obtener transcripciones de discursos importantes en tu biblioteca. Las transcripciones de entrevistas generalmente se encuentran en los medios que realizaron la entrevista. Tanto los discursos como las entrevistas presentan el punto de vista de una persona sobre determinadas cuestiones. A diferencia de los diarios y cartas, las entrevistas se hacen para publicarlas.

Lee textos electrónicos

Cuando leas una página web, recuerda que debes usar todas las destrezas de lectura que usas al leer un texto. Evalúa si la información puede verificarse, si el autor conoce el tema sobre el que escribe. Determina también si la página es presentada por una compañia que quiere hacerte pensar de una cierta manera. Siempre que leas lo debes hacer críticamente.

◆ Reflexiona sobre la lectura

Luego de haber practicado las destrezas de lectura durante aproximadamente una semana, escribe un párrafo sobre tu experiencia. Usa estas preguntas como guía:

- ¿Qué secciones de mis libros de texto me fueron más útiles?
- ¿Qué organizadores gráficos usé recientemente para organizar ideas o explicar el desarrollo de una historia?
- ¿Qué pasos del método SQ4R me fueron más útiles?
- ¿Cómo me ayudó a analizar y evaluar textos de no ficción la destreza de leer críticamente?
- ¿Qué destrezas para leer ficción me resultaron más útiles? ¿Qué destrezas me resultaron más difíciles?

CAPÍTULO 32

Estudio, consultas y pruebas

Estudiar, investigar y hacer pruebas son importantes destrezas que desarrollas en la escuela. La mayoría de estas destrezas también te van a ser útiles más adelante en tu trabajo o en tu vida personal. En este capítulo vas a aprender a aprovechar tu tiempo de estudio, a ampliar tus destrezas para buscar información y también recibirás valiosas sugerencias para mejorar tus calificaciones en las pruebas.

32.1 Destrezas básicas de estudio

Para estudiar bien necesitas tiempo, organización y práctica. Necesitas estudiar en un lugar adecuado, llevar un registro de tus proyectos y tener un cuaderno para tomar notas de una manera organizada.

◆ Desarrolla un plan de estudio

Establece un lugar y un horario para estudiar.

Planifica un horario que se ajuste a tus necesidades. Varía el tiempo que dedicas a cada materia, de acuerdo a las pruebas y a los proyectos a corto y largo plazo que tengas. Dedica tiempo adicional a esas materias que te resulten más difíciles.

→ Concepto clave

Usa un plan de estudio de tres pasos para planificar tu tiempo y llevar un registro de tus tareas.

Crea un cuaderno de tareas En vez de confiar en tu memoria para recordar qué tareas debes hacer, escríbelas en un cuaderno de tareas junto con las fechas en las que debes completarlas. Usa tu cuaderno de tareas para anotar tus tareas, tus proyectos a largo plazo y las fechas en que debes completarlos.

Una forma fácil de hacer tu cuaderno de tareas es hacer cuatro columnas en cada página. Escribe en una columna el nombre de la materia, en otra columna una descripción detallada de cada tarea, escribe las fechas en las que debes completar cada tarea en la tercer columna y en la cuarta columna coloca un signo como éste (√) cuando hayas completado cada tarea.

Organiza un horario de estudio Planifica tus horarios de manera tal que tengas tiempo reservado para tus actividades fijas. Planea estudiar unas dos o tres horas al día y estudia la materia más difícil al principio.

Área de estudio Crea un área de estudio que tenga buena iluminación y tranquilidad, para que no tengas distracciones. Equipa tu lugar de estudio con los materiales que puedes necesitar: papel, cuadernos de notas, lápices y bolígrafos, regla, diccionario y textos.

◆ Tomar notas

Las notas y los resúmenes son una importante herramienta de estudio. No sólo las necesitarás para estudiar, sino que el solo hecho de analizar un tema y escribirlo ya te ayudará a memorizarlo. Organiza tu cuaderno por materia y luego, en las secciones apropiadas, toma notas de lo que aprendes en la clase y con tus lecturas.

→ Concepto clave

Mantén un cuaderno organizado, en el cual puedas tomar notas para cada materia mientras escuchas o lees.

Esquema o reseña modificada

Como no tendrás tiempo suficiente para escribir todo lo que escuches en la clase, usa un formato de esquema modificado: escribes junto al margen de la página las ideas principales, un poco más adentro lo que son detalles importantes, y aún un poco más adentro los detalles secundarios.

Resumen

Los resúmenes son muy útiles para repasar una clase o preparar un tema. Organiza el resumen en varios párrafos, uno para cada idea principal. También puedes escribir un resumen a partir de las notas de reseña modificada que hayas tomado en clase o mientras leías.

32.2 *Destrezas para consultar información*

Vives en lo que se ha dado por llamar la "Era de la información". Para acceder a la enorme cantidad de información que hay disponible, necesitas desarrollar tus estrategias de referencia.

◆ La biblioteca

La mayoría de las bibliotecas escolares y públicas tienen al menos algunos de estos recursos: libros de ficción y de no ficción, audiocasetes y videocasetes, publicaciones periódicas (diarios y revistas), microfilmes, archivos verticales para folletos, mapas y otros impresos pequeños, libros de referencia impresos y electrónicos, y computadoras para consultar Internet.

El catálogo de la biblioteca

El catálogo indica qué libros están en la biblioteca. Usa el catálogo para encontrar libros de un determinado autor o sobre un determinado tema. El catálogo también indica si un libro es de ficción o de no ficción y proporciona un número de referencia para cada obra de no ficción que sirve para ubicarla en los estantes.

→ Concepto clave

Usa el catálogo de la biblioteca para obtener información importante acerca del material que la biblioteca posee.

◆ Los catálogos

Catálogo de tarjetas Este sistema presenta la información sobre los libros en tarjetas, con una tarjeta separada para el autor y otra para el título de cada libro. Los libros de no ficción también tienen al menos una tarjeta de tema. Las tarjetas están archivadas alfabéticamente en pequeños cajones, con las tarjetas de autores alfabetizadas por sus apellidos y las tarjetas de títulos, alfabetizadas de acuerdo a las primeras palabras del título. Las palabras *A, An* y *The* no se usan para alfabetizar las tarjetas.

Catálogo electrónico Los catálogos electrónicos son listas de libros en discos CD-ROM o en bases de datos que puedes consultar desde una de las computadoras de la biblioteca. Generalmente, puedes hallar la información escribiendo el título del libro, o palabras claves del título, el nombre del autor y, en el caso de libros de no ficción, el nombre del tema.

Catálogo impreso Este tipo de catálogos consiste de un listado (en un librillo o folleto) de todas las obras de la biblioteca, enumeradas por autor, título y, en el caso de no ficción, también por tema.

◆ Cómo encontrar libros en los estantes

La bibliotecas clasifican los libros en dos grandes categorías: ficción (trabajos imaginativos) y no ficción (trabajos con base en datos). La categoría de no ficción incluye otras subcategorías como biografías o libros de referencia, que frecuentemente la biblioteca guarda en secciones separadas.

→ Concepto clave

Los libros de ficción y los de no ficción se encuentran en los estantes de diferentes secciones y cada categoría está organizada de manera diferente. Los de ficción se organizan en orden alfabético según el apellido del autor y los de no ficción se organizan según su número de referencia.

Libros de ficción Las obras de literatura tienen su propia sección y se organizan en orden alfabético, de acuerdo al apellido del autor. En el catálogo de la biblioteca y en el lomo del libro suele indicarse F o FIC seguido de las primeras letras del apellido del autor.

Libros de no ficción A los trabajos de no ficción se les da números y letras. Estos códigos de números y letras se escriben en el lomo de los libros y éstos se colocan en los estantes siguiendo ese código, por ejemplo: 619.1, 619.2, 619.3A, 620.A.

La mayoría de las bibliotecas usan en el Sistema Decimal Dewey para clasificar los libros. Este sistema divide a todas las áreas del conocimiento en diez clases principales, numeradas del 000 al 999. El primer dígito de la izquierda te indica cuál es la categoría.

Para encontrar un libro, primero encuentras el código del libro en el catálogo, y luego buscas el código en los estantes hasta encontrarlo.

◆ Usar publicaciones periódicas, índices de periódicos y archivos verticales

Las publicaciones periódicas son aquéllas que se publican a determinados intervalos, como los periódicos (todos los días) y las revistas (semanalmente, cada mes, etc.) Para hallar artículos publicados en periódicos o revistas tienes que consultar el **índice de periódicos**. Puedes hallar esta información en folletos que se guardan en los archivos verticales.

→ Concepto clave

Usa los periódicos para buscar información sobre temas del momento, usa los índices de periódicos para hallar artículos específicos y usa los archivos verticales para hallar impresos de pequeño tamaño. Los archivos verticales están organizados en orden alfabético.

◆ Usar diccionarios

Los diccionarios contienen una gran cantidad de información sobre las palabras. Ten en cuenta que hay diferentes tipos de diccionarios y que las palabras aparecen en ellos en orden alfabético

→ Concepto clave

Un diccionario te dice el significado de una palabra, su pronunciación, y cómo ésta se usa en las oraciones.

Diferentes tipos de diccionarios

No todos los diccionarios son iguales. Algunos son para investigadores, otros para el público lector en general y hay otros que se especializan en un área de conocimiento determinada.

- **Los diccionarios generales del idioma inglés** pueden ser abreviados, o compactos, y generalmente tienen entre 55,000 y 160,000 palabras, o completos, en cuyo caso pueden llegar a tener más de 250,000 palabras.
- **Los diccionarios especializados** se limitan a palabras de determinado tipo, según su especialización. Por ejemplo, algunos se refieren a términos de leyes, o de medicina, o a palabras de otro idioma, mostrando su equivalencia con palabras del inglés.
- **La organización del diccionario** Una palabra que aparece en un diccionario, junto con toda la información sobre ella, se llama entrada.

En los diccionarios impresos, todas las entradas aparecen en orden alfabético. Para buscar palabras en un diccionario, haz lo siguiente.

Encuentra en el diccionario la sección de la letra con la que empieza la palabra que buscas. Luego, mira las palabras guía, en la parte de arriba de las páginas. Estas palabras guía te dicen la primera y la última palabra de cada página. Siguiendo el orden alfabético, encuentra las palabras guía entre las que se encuentra tu palabra. Luego, busca tu palabra en esa página.

Las entradas de un diccionario

Según su tamaño, los diccionarios pueden incluir la siguiente información sobre cada una de sus entradas, o palabras: la palabra entrada, su pronunciación y ortografía, su función dentro de una oración, su forma plural o forma verbal, la etimología (el origen e historia de la palabra), su definición, uso, área del conocimiento en el que la palabra puede tener un significado especial y por último, los modismos en los que se usa la palabra y palabras derivadas.

◆ Usar un diccionario de sinónimos

El diccionario de sinónimos, como su nombre lo indica, te da los sinónimos de las palabras, y a menudo también los antónimos (palabras con el significado opuesto).

➜ Concepto clave

Un diccionario de sinónimos puede ayudarte a escribir con más precisión.

◆ Usar otras obras de consulta

La mayoría de las obras de consulta, ya sean impresas o electrónicas, tienen su propia sección en las bibliotecas.

➜ Concepto clave

Las obras de consulta sirven para tener una visión general sobre una variedad de temas, y como de punto de partida para preparar un informe.

Enciclopedias Las enciclopedias generales tienen artículos que presentan información básica sobre diversos temas. Generalmente las enciclopedias impresas tienen varios volúmenes (libros), con letras en el lomo de cada volumen para indicar qué temas se incluyen en él. En las enciclopedias electrónicas, generalmente puedes encontrar un tema simplemente tecleando su nombre o una o más palabras claves del tema. La computadora se encarga de revisar la información en la base de datos y de presentar el tema en pantalla.

Biografías Estas obras proporcionan información biográfica sobre personajes históricos o conocidos. Generalmente están organizadas por orden alfabético, por apellidos.

Índices literarios Los catálogos de las bibliotecas incluyen libros u obras y publicaciones largas. Sin embargo, para encontrar obras más cortas, como ensayos, por ejemplo, debes consultar un índice literario, que proporciona información acerca de las antologías (colecciones de obras cortas) en las que se encuentran estas obras.

Libros de citas Si deseas citar, o repetir textualmente, lo que dijo algún personaje famoso o histórico, debes consultar un libro de citas. Estas obras te dan la información de quién dijo o escribió la frase, así como del momento y circunstancias en que lo hizo.

Anuarios y almanaques (*almanacs*) Los anuarios se publican cada año y presentan información y datos estadísticos sobre una gran variedad de materias, como geografía, historia, clima, tecnología , industria, idiomas, deportes, ciencias y artes. Pueden ser impresos o electrónicos.

Atlas y mapas Los atlas, impresos o electrónicos, contienen mapas e información geográfica, como la ubicación de ciudades, de masas de agua, montañas y otros accidentes geográficos. Algunos también tienen datos estadísticos sobre población, clima, recursos naturales, economía y otros temas.

◆ Usar Internet y otros medios de consulta

Internet es una red mundial de millones de computadoras conectadas entre sí por medio de cables telefónicos. Cuando entras en línea *(on-line)* y te conectas con Internet tienes acceso a una cantidad casi ilimitada de sitios web donde existe una cantidad increíble de información. Cada sitio tiene su propia dirección o URL *(Universal Resource Locator)* y consiste de varias páginas de texto y elementos visuales. Algunos sitios también tienen sonido y videos. Generalmente puedes copiar toda la información de estas páginas en tu computadora.

→ Concepto clave

Puedes usar Internet para buscar toda clase de información, pero recuerda que siempre debes verificar esta información.

Ubica los sitios web apropiados

Las siguientes son algunas sugerencias para usar Internet:

- Si conoces la dirección, o URL, de un sitio, simplemente tecléala y tu programa buscador lo localizará.
- Lee revistas que tengan artículos sobre Internet para hallar direcciones que te puedan interesar.
- Si no conoces un sitio específico, puedes hacer una búsqueda general. Haces esto tecleando una o más palabras clave del tema que te interesa.
- Recuerda guardar en tu computadora las direcciones que te interesan para poder volver a ellas fácilmente.

Evalúa los sitios *web*

Cualquiera puede crear un sitio en la red, por eso debes asegurarte de que el sitio que estás leyendo provee información verídica. Para evaluarlo recuerda lo siguiente:

- Identifica quién creó el sitio y evalúa si se trata de una organización o persona confiable.
- Mantente alerta sobre contenidos tendenciosos.
- Verifica que la información haya sido actualizada recientemente.
- Compara la información con la ofrecida sobre el mismo tema por otros sitios web.

◆ Usar otros medios de consulta

Además de Internet, puedes consultar una gran variedad de medios que te darán información sobre el tema que investigas. Algunos de estos recursos son:

- **Videos**, incluyendo programas nuevos y documentales.
- **CD-ROM** Casi toda la información que puedes encontrar en diversos medios impresos también está disponible en discos CD-ROM.
- **Bases de datos electrónicas** que contienen una amplísima cantidad de información. A través de una computadora conectada a la base de datos, accedes a la información tecleando algunas palabras clave relacionadas con tu tema.

32.3 *Destrezas para tomar exámenes*

En esta sección aprenderás algunas destrezas que te serán útiles a la hora de rendir un examen, como qué hacer para aumentar tu rendimiento y cómo distinguir entre diferentes tipos de preguntas y respuestas.

◆ Tomar exámenes

Los exámenes o pruebas de preguntas objetivas son aquellos en los cuales cada pregunta tiene una sola respuesta correcta. Prepárate para estas pruebas estudiando cuidadosamente todos los temas que se cubrirán, asegúrate de dormir bien y llega al examen temprano y con todos los materiales necesarios.

→ Concepto clave

Al tomar un examen, divide tu tiempo en tres partes:

- Da un vistazo general al examen.
- Responde las preguntas una a una.
- Lee y revisa cuidadosamente las respuestas.

Aprende a responder diferentes tipos de preguntas
Conoce los diferentes tipos de preguntas que te pueden hacer en las pruebas y las destrezas para responderlas, y tendrás mejores resultados en tus exámenes.

Preguntas de Cierto o Falso Para responder estas preguntas debes decir si una declaración es cierta o falsa. Usa estas destrezas:

- Si una declaración parece cierta, asegúrate de que lo sea.
- Presta especial atención a la palabra *not*, que frecuentemente cambia todo el significado de una oración.
- Presta atención a las palabras *all, always, never, no, none, only*. Estas palabras frecuentemente hacen que una declaración sea falsa.
- Nota las palabras *generally, much, many, most, often, some, usually*. Estas palabras con frecuencia hacen que una declaración sea cierta.

Preguntas para completar En las preguntas para completar, debes dar una respuesta en tus propias palabras. La respuesta puede consistir en completar una oración o simplemente contestar una pregunta. Usa estas estrategias.

- Lee la pregunta o la declaración incompleta cuidadosamente.
- Si estás respondiendo a una pregunta, cambia la pregunta a una declaración e inserta mentalmente tu respuesta para ver si tiene sentido.

Preguntas de opción múltiple Este tipo de pregunta te pide que elijas la respuesta correcta entre cuatro o cinco opciones. Sigue estos pasos para este tipo de preguntas:

- Trata de contestar la pregunta antes de leer las opciones. Si tu respuesta es una de las opciones, elige esa opción.
- Elimina las opciones que estés seguro que sean incorrectas, tachándolas si puedes escribir en la hoja de la prueba.
- Lee todas las opciones antes de contestar las preguntas. Estas preguntas con frecuencia tienen dos respuestas posibles, pero sólo una es la correcta.

Preguntas de correspondencia Este tipo de preguntas requiere que hagas corresponder elementos de un grupo con elementos de otro. Sigue estos pasos:

- Cuenta los elementos de cada grupo para ver si sobra alguno. Lee con cuidado las instrucciones para ver si los elementos se pueden usar más de una vez.
- Lee todos los elementos antes de contestar.
- Haz corresponder primero los elementos que conoces.
- Luego, haz corresponder los elementos sobre los que no estás tan seguro.

Preguntas de respuesta escrita En algunas preguntas tienes que escribir una respuesta en vez de simplemente elegir la respuesta correcta. Identifica este tipo de preguntas antes de empezar la prueba. Reserva suficiente tiempo y espacio para responderlas completamente.

Aplica estas destrezas cuando tengas que escribir una respuesta:

- **Identifica palabras clave** Debes estar atento a palabras como *discuss, explain, identify*. Por regla general, estas palabras señalan las preguntas que debes contestar por escrito.
- **Verifica el espacio** Pregunta si ése es todo el espacio que tienes o si puedes usar otra hoja de papel. Si el espacio es limitado, ajusta tu respuesta para que quepa en él.
- **Contesta sólo la pregunta** No escribas todo lo que sabes sobre un tema. Si la pregunta te pide que identifiques y expliques tres pasos de un proceso, haz eso y nada más. Si incluyes información adicional, aunque sea correcta, puedes perder puntos.

Relaciones en analogías En una analogía te piden que halles pares de palabras que expresan una relación similar. Algunas de las relaciones pueden ser: de parte a todo, de secuencia, de proximidad, de clase, de sinónimos o de antónimos.

Preguntas de respuesta breve Estas preguntas requieren una respuesta corta y concisa. Responde solamente lo que se está preguntando; para ello presta atención a las palabras clave de la pregunta.

Preguntas-Ensayo Una de las preguntas en alguna prueba puede ser escribir un ensayo o redacción. Si te dan varios temas posibles elige uno; si te preguntan sobre un solo tema, presta atención a la información que se te pide, para asegurarte de incluirla en tu ensayo.

◆ Reflexionar sobre las estrategias de estudio, referencia y para pruebas

Las siguientes preguntas te ayudarán a determinar lo que has aprendido sobre tus estrategias de estudio, referencia y para pruebas:

- ¿Qué cambios debo hacer en mi área de estudio o en mis horarios?
- ¿Qué debo hacer para tomar notas más efectivamente?
- ¿Qué materiales de consulta me resultan más útiles?
- ¿Sobre qué materiales de consulta debo aprender más?
- ¿Cómo puedo organizar mejor mi tiempo al tomar exámenes?
- ¿Qué destrezas puedo usar para responder diferentes tipos de preguntas?

CAPÍTULO 33

El trabajo

Muchas de las destrezas que contribuyen a que tengas éxito en la escuela también te servirán para ser exitoso en tu trabajo. Ya sea que tengas que tratar con el público, investigar y desarrollar nuevos productos o trabajar en algún oficio, tus destrezas para hablar, escribir, leer, escuchar y tratar con gente de una manera efectiva tendrán gran importancia para que tengas una carrera productiva.

Este capítulo te ayudará a desarrollar nuevas destrezas o a mejorar las que ya tienes en áreas importantes, como la comunicación con otras personas, el establecimiento y el logro de metas y la resolución de problemas. Además aprenderás a administrar tu tiempo y tu dinero, y a aplicar destrezas de matemáticas e informática en tu trabajo.

◆ Trabajar con gente

En la escuela aprendes a trabajar con tus compañeros y maestros. En tu lugar de trabajo deberás relacionarte con tus supervisores, compañeros de trabajo y clientes de una manera profesional y efectiva.

Aprende a comunicarte con otros

En una entrevista de trabajo o al tratar con tus amigos, necesitas usar tus destrezas de comunicación.

Entrevistas

Cuando solicitas a una universidad que te acepte como estudiante, cuando compites con otras personas por un trabajo o pides ser parte de un club, el saber qué hacer durante una entrevista aumentará la probabilidad de que te acepten.

→ Concepto clave

Una entrevista de trabajo o de la universidad requiere preparación, una conducta profesional y trabajo de seguimiento.

Antes de la entrevista:

- Averigua cuándo y dónde se realizará la entrevista y el nombre de la persona que te entrevistará.
- Lleva referencias y una copia de tu curriculum.
- Infórmate sobre la compañía, grupo, universidad o persona con la que tienes la entrevista.
- Lleva ropa limpia y adecuada para la entrevista.

Durante la entrevista:

- Sonríe y mira a la persona que te entrevista.
- Responde y pregunta de manera cortés y breve.
- Da las gracias a la persona que te entrevistó y pregúntale cuándo va a tomar una decisión.

Después de la entrevista:

- Escribe una carta en la que repites tu interés en el trabajo, grupo o universidad y agradece la atención que te dieron.
- Cuando se acerque la fecha en que deben tomar la decisión, llama por teléfono para averiguar si tienen noticias para ti.

Trata con gente eficazmente

Ya sea en la escuela o en el trabajo, la comunicación requiere que trates con personas que tienen personalidades, métodos de trabajo, necesidades y opiniones diferentes a los tuyos.

Para trabajar bien con estas personas debes hallar un término medio entre comunicar tus ideas y escuchar las de las otras personas. Cuando trabajas en un proyecto con un compañero, hablas con tu maestro o tratas con clientes, tu habilidad para llegar a un acuerdo puede hacer tu trabajo más fácil y placentero.

→ Concepto clave

Para interactuar eficazmente con otras personas, ya sea en la escuela o en el trabajo, escucha a los demás con atención y no vaciles en comunicar tus ideas y dudas.

Sigue estas sugerencias:

- **Percibe los mensajes verbales y no verbales.** Presta atención a las palabras y la actitud de las personas, para saber cuándo debes actuar seriamente y cuándo puedes bromear.
- **Escucha cuidadosamente.** No interrumpas al que esté hablando y al final haz todas las preguntas necesarias.
- **Halla los puntos en común.** Aprovecha los intereses o experiencias que tengas en común con otras personas para acercarte a ellas.
- **Respeta las diferencias.** Reconoce y acepta que otras personas pueden tener experiencias, habilidades y opiniones diferentes de las tuyas.
- **Usa un lenguaje cortés y apropiado.** Las rabietas pueden ser muy dramáticas, pero no son aceptables en el lugar de trabajo. Trata de no alzar el tono de tu voz. Puedes ser mucho más persuasivo si controlas tus emociones.
- **Evita acusar a otros.** Cuando se presenta un problema no te dediques a determinar quién tiene la culpa, sino busca la manera más efectiva de resolverlo.

◆ Aprender a trabajar en equipo

Para que un proyecto de equipo tenga éxito, todas las personas del equipo deben trabajar juntas para alcanzar un objetivo común. Si bien las personalidades y opiniones de los integrantes del equipo pueden variar, los esfuerzos de todos deben estar dirigidos hacia la meta común.

Reuniones y discusiones de grupo

Las discusiones de grupo brindan la oportunidad de que cada persona tenga acceso, y considere, varias ideas. Por ejemplo, cuando una compañía comienza un proyecto importante, con frecuencia pide a empleados de diferentes secciones que cooperen con su experiencia y conocimientos en la etapa de planificación. Por esta razón es importante que todos los integrantes del equipo participen en estas discusiones.

Algunos de los presentes deben cumplir los siguientes papeles:

- **Moderador**, que dirige la reunión, mantiene el orden y alienta a todos a dar su opinión
- **Encargado de minutas**, que toma notas de los puntos principales que se trataron en la reunión y de las resoluciones que se tomaron, y luego reparte una copia a cada participante
- **Controlador de tiempo**, que controla el tiempo que se dedica a cada tema

→ Concepto clave

Una participación efectiva sólo se logra si todos los integrantes del equipo son organizados, se concentran en la tarea, y se hacen cargo de sus responsabilidades.

Consejos para una participación efectiva

Asumir roles y establecer reglas claras son la base de una buena reunión de trabajo. De todos modos, lo más importante es que todos los participantes aporten sus ideas. Comparte tus ideas con los demás y acepta las críticas constructivas.

→ Concepto clave

Para ser un buen integrante del equipo trasmite tus ideas, ofrece críticas constructivas y permite a los demás hacer lo mismo. Ya sea que formes parte de un equipo que se reúne regularmente o que participes en una sola reunión, considera estas sugerencias:

- Escucha respetuosamente todos los puntos de vista
- Comparte tu punto de vista y anima a que otros hagan lo mismo.
- Haz críticas constructivas, y recibe positivamente las críticas de los demás.
- Concéntrate en el tema a tratar y ayuda a que los demás también se concentren.

◆ Alcanzar metas

Cumplir las metas, es decir los objetivos que te fijas, puede requerirte mucho o poco tiempo. Las metas también pueden ser muy diferentes, desde mejorar tus calificaciones hasta llegar a ser presidente de tu clase o conseguir un trabajo en una tienda de tu comunidad. A medida que te fijas metas para distintas etapas de tu vida, es posible que notes que algunas de ellas sean incompatibles. Tú debes decidir cuál de las metas es más importante para ti.

→ Concepto clave

Debes establecer metas específicas y determinar el tiempo en el que te propones alcanzarlas.

◆ Tipos de metas

Metas personales y profesionales

Las metas personales son las que afectan tu estilo de vida y tu desarrollo como persona.
Por ejemplo, puedes decidir saber más sobre tu pasatiempo favorito o ser más considerado
con las personas.

Las metas profesionales son las que afectan tu oficio o profesión. Por ejemplo, tal vez
decidas estudiar para ser programador de computadoras o terminar un proyecto
importante sin sobrepasar tu presupuesto.

Si bien las metas personales y las profesionales son diferentes, con frecuencia se
afectan entre sí. Por consiguiente, tú debes identificar las que tienen más importancia
para ti.

Establece y alcanza tus metas

Para establecerte una meta, define claramente cuál será el resultado de alcanzarla. Esto te
permitirá saber exactamente con qué objetivo estás trabajando. El siguiente paso,
igualmente importante, es esforzarte para alcanzarla. Puedes usar una tabla para
registrar tus metas y los progresos que vas haciendo.

◆ Resolver problemas y pensar originalmente

Ya sea que estés tratando de alcanzar una meta personal o una profesional, seguramente
se te presentarán problemas. Recuerda que no todos los problemas se podrán resolver de
la manera en que a ti te gustaría. A veces, resolver problemas significa tener que llegar a
un acuerdo, cediendo parte de lo que querías, o ser creativo y hallar una solución que no
habías considerado al principio.

Aprende a resolver problemas eficazmente

Puedes resolver la mayoría de los problemas usando sistemáticamente un método; esta
destreza te permitirá analizar el problema y encontrar más claramente su solución.

→ Concepto clave

Resolver un problema requiere una comprensión detallada del problema y todos sus
factores, un conjunto de soluciones posibles y una revisión cuidadosa de cada una de
ellas. Estas sugerencias te pueden ayudar a resolver problemas:

- Identifica el problema y la razón o razones que lo causan. Si puedes identificar varias
  razones, soluciona una a la vez.
- Considera todos los factores que influyen en el problema.
- Anota todas las soluciones posibles y prepárate a aceptar una solución que no sea
  perfecta, si fuera necesario.
- Evalúa las ventajas y desventajas de un número de posibles soluciones.
- Elige una solución.

Piensa originalmente

A veces, solucionar problemas requiere que pienses de una manera original, es decir de una manera fuera de lo común. Cuando tratas de resolver un problema, estúdialo desde diferentes perspectivas. Tal vez puedas aprovechar tu creatividad y descubrir soluciones nuevas, diferentes o poco comunes.

➜ Concepto clave

Para pensar originalmente debes estar abierto a ideas nuevas o inusuales.
Sigue estas sugerencias para hacerlo:

- Haz una lista de todas las soluciones que se te ocurran, las prácticas y también las poco prácticas.
- Habla con diferentes personas y escucha sus ideas.
- Imagina cómo una persona a la que admiras podría resolver el problema.
- Habla con personas de diferentes culturas y con diferentes experiencias para ampliar tu marco de referencia.

◆ Administrar el tiempo

Cualquiera sea la profesión que elijas, sin duda vas a encontrarte con tareas que deberás completar dentro de un cierto tiempo. Además de las tareas o los proyectos fijos que deben completarse en un período determinado, tendrás que prestar atención a problemas inesperados o emergencias. Saber cómo administrar bien tu tiempo puede significar la diferencia entre completar las tareas o no.

Haz horarios semanales y diarios

Para administrar tu tiempo eficazmente deberás planear por anticipado y decidir cuál de tus metas y actividades es más importante.

➜ Concepto clave

Para administrar tu tiempo, usa un calendario donde marques citas y actividades importantes y prepara listas, en orden de importancia, de lo que debes hacer durante el día o durante la semana.

◆ Administrar dinero

Para mantener tus gastos bajo control puedes hacer un presupuesto, o plan de gastos. Desde el ejecutivo a cargo de finanzas de un banco importante hasta el administrador de una pequeña oficina, muchos empleados deben registrar los gastos realizados y mantenerse dentro de un presupuesto.

➜ Concepto clave

Para administrar dinero, sigue un presupuesto, establece metas financieras y elabora un plan de ahorros para alcanzarlas.

Desarrolla un presupuesto Para que un presupuesto cumpla su propósito, el dinero que entra nunca debe ser más que el dinero que se gasta. Al hacer un presupuesto, escribe en negro el dinero ganado y en rojo el dinero gastado. También puedes identificar de dónde viene el dinero y en qué lo gastas.

Usar las destrezas de matemáticas

Cuando comiences a usar las destrezas de matemáticas que aprendiste en clase,
descubrirás que las matemáticas tienen muchas aplicaciones prácticas en la vida diaria.
Esta sección se refiere a tres usos comunes de las matemáticas: en el trabajo, en las
compras y en el análisis de estadísticas.

→ Concepto clave

Las destrezas de matemáticas te ayudarán a administrar tu dinero, a comprar de manera
inteligente y a evaluar ciertos tipos de información.

- **Ten éxito en el trabajo** Puedes hacer uso de tus destrezas de matemáticas casi en
  cualquier trabajo: los constructores necesitan calcular la cantidad de materiales, sumar
  sus costos, calcular la cantidad de horas de trabajo necesarias y sumar su ganancia; los
  administradores de oficinas deben calcular presupuestos, comprar artículos de oficina y
  calcular los sueldos del personal. En cualquier tipo de trabajo, las destrezas de
  matemáticas son necesarias para calcular las ganancias y administrar los gastos.
- **Determina cuál es la mejor compra** Tus destrezas de matemáticas te pueden ayudar a
  decidir cuál es la mejor compra. Por ejemplo, algunas ofertas que ofrecen "dos por el
  precio de uno", en realidad pueden costarte más que si compraras los dos artículos en
  otra tienda a un precio más bajo. Al calcular la diferencia entre los dos precios, puedes
  hacer la mejor compra y ahorrar dinero.
- **Analiza las estadísticas** En informes de negocios, periódicos y otras fuentes de
  información a menudo verás estadísticas. Es necesario saber interpretarlas para juzgar
  acertadamente la información.

Usar las computadoras

Al ser las computadoras comunes en casi todos los lugares de trabajo, la mayoría de los
empleadores requieren que sus empleados sepan manejarlas. Debes comenzar practicando
en el teclado para escribir rápidamente y sin errores. Luego, aprende los elementos de
formato. Tal vez quieras aprender algunos programas más complicados, como las hojas de
cálculo o algunas aplicaciones gráficas.

→ Concepto clave

Un conocimiento general de tu computadora implica que puedas ingresarle información
con exactitud, procesar texto, usar varios programas de software y acceder a Internet.
Sigue estas sugerencias para sacarle más provecho a tu computadora:

- **Practica escribir en el teclado** Una velocidad de 45 palabras por minuto es buena,
  pero recuerda que no cometer errores es más importante que la velocidad.
- **Usa los elementos de formato** Usar diferentes tipos y tamaños de letras, cursivas,
  negritas, puntos y bordes, puede mejorar la presentación de tu trabajo.
- **Usa el corrector ortográfico y el diccionario de sinónimos** de tu computadora.
- **Aprende a usar Internet** Con la ayuda de un maestro descubre la inmensa cantidad de
  información que Internet pone al alcance de tus manos.

Reflexionar sobre las destrezas de trabajo

Para reflexionar sobre tus destrezas y la preparación para el trabajo, piensa qué trabajo te
gustaría desempeñar y luego responde estas preguntas:

- ¿Qué destrezas son más importantes para el trabajo o la carrera que quiero hacer?
- ¿Qué destrezas debo mejorar? ¿Por qué?